看见
闪闪发光的他们

苏华 著

Hello, Sunshine

经济日报出版社
北京

图书在版编目(CIP)数据

看见闪闪发光的他们 / 苏华著 . -- 北京：经济日报出版社，2024.8（2025.1重印）.--ISBN 978-7-5196-1491-1

Ⅰ. G444

中国国家版本馆 CIP 数据核字第 2024L0B223 号

看见闪闪发光的他们
KANJIAN SHANSHAN FAGUANG DE TAMEN

苏　华　著

出　　版：	经济日报出版社
地　　址：	北京市西城区白纸坊东街 2 号院 6 号楼
邮　　编：	100054
经　　销：	全国各地新华书店
印　　刷：	文畅阁印刷有限公司
开　　本：	880mm × 1230mm　1/32
印　　张：	7.875
字　　数：	151 千字
版　　次：	2024 年 8 月第 1 版
印　　次：	2025 年 1 月第 2 次印刷
定　　价：	48.00 元

本社网址：www.edpbook.com.cn，微信公众号：经济日报出版社
请选用正版图书，采购、销售盗版图书属违法行为
版权专有，盗版必究。本社法律顾问：北京天驰君泰律师事务所，张杰律师
举报信箱：zhangjie@tiantailaw.com　举报电话：(010) 63567684
本书如有印装质量问题，由我社事业发展中心负责调换，联系电话：(010) 635380

谨以此书献给我的母亲
是她的引领和守护
让我有勇气和力量一路前行
成为更好的自己

推荐序：
心有星河　一路向前

数次被苏华老师惊艳到，邀约我为本书写序就是其中之一。

我与苏华老师相识7年，她是我心理咨询督导班的学员，以此而论，我就是她的老师，她就是我的学生啦！

细读她的自序和故事中的文字，仿佛她就在我对面，低声细语、不急不慌地娓娓道来，如同在线下和线上督导的现场，她总是一以贯之地沉稳地说出她的思考和疑问，而这些思考和疑问恰恰体现了她缜密的逻辑、对来访者的好奇和对咨询技术不断精进的渴望。让我屡屡在心里发出赞叹：这个学生不简单！

在督导班里，她的作业不是完成最快的，但却是最用心的。除了对督导内容和督导问题的思考之外，她已经提升了一个层次，即对督导的过程是如何进行和发生的做总结和探索，也就是她除了从被督导者的角度，还从一个督导者的角度在思考问题。这些都是督导班要求之外的她自动自发的行为，这种"自动自发"在我这个老师眼里显得极为珍贵。

● 看见闪闪发光的他们

"自动自发"似是一个隐秘但又有无限动力的引擎，在她的体内悄无声息地运行着，引发了一系列行为：在被督导后，她总是能把督导的内容拿回去，经拣选之后在咨询中进行实践，这些在她连续呈报的案例中体现得淋漓尽致。实践对了，有总结有反思；走了弯路，也有总结和反思。她真真实实地在走"理论、实践、督导、再实践"这个无限循环，这是一种"精进"的能力。在几年里，以此"精进"的能力，她的咨询功力有了肉眼可见的进步。这在本书的故事中可以被见证。

她曾对我说："李老师，我好想找您咨询，但我知道不能有双重身份。"对的，咨询伦理要求，她不能既是被督者，又是来访者。我能感受到她对边界的坚守和对关系的珍惜。的确，她不能是我的来访者，但这不影响师生之间的互动和交流，我偶尔只做一个倾听者，听她聊聊工作生活中的琐碎和困惑……于是，就成了她一路向前的见证者。

我见证了她在两个孩子的养育、丈夫职业转型中的艰难和陪伴，在职业生涯晋升中的困顿与坚持……一桩桩一件件，看似非常困难和无解的事情，我见证了她在困难中的坚持与不放弃，于是一切慢慢就有了转机。

邀请婆婆来帮忙、与丈夫积极沟通孩子的教育、狗狗的加入让孩子有了新的玩伴儿……孩子们的学习和养育问题似乎就慢慢变得有序而生机盎然。在她的关心和陪伴下，丈夫的职业转型也一步步落棋为安，最终安稳下来。对于自身职业的进步，她在有底线的坚持下，一小步一小步去做力所能及的事情，包括这本书的完成就是其中的一小步。但这一小步，这十几万字，都是在清晨万籁俱寂的晨光里，一个字一个字码出来的……这不得不说是一种柔韧的勇猛。

一路走来，我见证了她不忘初心对婚姻和家庭的守护；见证了她对职业的坚持和进取；也见证了她对工作生活的不断调整和平衡。

罗曼·罗兰说，世界上只有一种真正的英雄主义，那就是认清生活的真相后还依然热爱生活。苏华老师就是这句话的真实写照。

作为苏华老师的学生和来访者应该是幸福的，因为她在用心用情用力地陪伴着你，走过生命中的沟沟坎坎。这些故事里的文字，都是从她的心中流淌出来的。

作为苏华的老师，我是骄傲和自豪的。我相信，在不远的将来，带着无限可能性，我会再次被苏华老师惊艳到；作为一个读者，我每每被故事中的文字感动，看到她作为教师和咨询师沉静美丽的样子。由此，我与苏华又变成手拉手的同行者，相互陪伴，互为镜鉴。

我想，苏华的妈妈天堂有知，她会祝福苏华，看见苏华心有星河，一路向前，应该感到莫大的欣慰和骄傲吧。

李　春

2024 年 2 月 28 日

自序：
走在看见的路上

妈妈状态还好的时候，我问她："您这一辈子做过的最了不起的事情是什么？"妈妈说："哪有什么了不起，就是很普通很平常的人。"那一刻，我很坚定地跟她说："虽然是很普通很平常的人，可是您养育我和妹妹长大，培养我们成为教师，这本身就很了不起。"因为我始终觉得作为教师的我们哪怕只对一个学生的学习、生活、人生产生了一点点的影响，那就是我们的价值所在，更何况我们还可以做得更多更好。

也是在那一天，跟妈妈讲了很多我和学生的故事：在和学生相处的过程中被信任，学生待我一样真诚；上过课的学生跨专业考上心理学专业的研究生；曾和家长一起陪伴学生走出困境，休学再复学，直到顺利毕业、工作、成家；毕业多年的学生结婚时对我说："那时候您跟我分担我的痛苦，现在想请您跟我一起分享我的喜悦。"

听我说完，妈妈说："如果这样来看，确实也算了不起。"

那一刻，我看到了她的欣慰，甚至有一丝的骄傲。我希望她对自己的人生是满意的，希望她可以看见自己的了不起，因为真诚、善良、坚强的她值得！我很清楚，无论是对于那一刻，还是接下来艰难的时光，甚至是妈妈的整个生命历程，这份看见都是宝贵的。我们两个坐在床边聊天的场景和我在那个当下所体验到的温暖与感动，也成为我最难忘的记忆。我相信，对于妈妈来说也是如此。也是从那时起，我看到了"看见"的力量，它在我的心中播下了一颗种子。

我想把自己的所学应用于工作和生活，想成为更专业的老师和更好的自己。我想无论是在课堂上、在咨询室里、在办公室中，还是在日常生活中，不管是哪个角色和身份，都可以影响和帮助到学生与身边人。这是我想做的事情，是让我有幸福感和价值感的工作，有辛苦但也会让我越来越好，因为我走在一条不断看见自己、看见他人，同时也被他人看见的路上，这份"看见"给予我力量。

2023年9月10日是第39个教师节，也是我作为教师的第15个节日。在这个特别的日子里，每周一次的叙事成长营小组练习如期进行，恰逢这次练习的主题是关于学习心理学的历程与感悟。远在广东梅州的学友小古陪伴我一起练习和梳理。正是这次练习让我看到自己在心理学这条路上一路走来的经历，高考、考研、工作……是一次又一次地放弃和选择才让我有机会拥有现在的专业和职业身份，看到在十几年工作生涯中学生带给我如此多的自豪和满足，正是对自

自序：走在看见的路上

己的这份"看见"，让我更相信和确定自己的选择与坚持。

我曾问自己想要写此书的初衷是什么？在多年工作和学习的过程中，我曾经一次又一次感动于学生的故事。感动于学生对我的信任，愿意把最真实的自己呈现给我这个陌生人；感动于他们在困难和挫折中不退缩、不放弃，依然努力前行；感动于他们在泥沼中不停止地寻找属于自己的路；感动于他们每一次真诚的反馈和离开时的感谢与祝福。

我想从不一样的视角来看学生的故事，成为能够给予学生力量的倾听者、陪伴者和见证者。我想用文字来呈现学生的努力、智慧、背后的善意、积极的心理品质、乐观的生活态度……我想让学生带着力量去面对困难和挫折，成为他们想成为的更好的自己。

对于学生来说，最幸福的事情就是可以在父母和老师的见证中带着力量一步一步往前走。所以，我想让父母和老师更多地理解他们的独特、他们的善良、他们的不简单和他们的渴望；想让大家看到或许学生真实的样子和我们所看到的他们并不一样，或许我们所认识的学生并不是他们的全部。我想让大家重新去思考怎样认识学生、对待学生，也想让更多的学生可以从他们身上汲取经验和力量。

我坚信文字的力量是无穷的。用文字来记录和分享是总结过去，也是开启未来。这些年的学习经历让我明白，真正的学习并不是将所有的知识和技术达到精湛的水平才去应用，而是边学习边应用，在应用的过程中发现不足，再从学

看见闪闪发光的他们

习中汲取能量和经验。或许我对叙事理念的学习还不够深入；或许我对理论知识的应用还不够熟练；或许我的文字并不丰富；或许我的问话还有些蹩脚。但至少在那时那刻，我曾真诚地、用心地、尊重而谦卑地倾听学生的生命故事，陪伴学生一起流泪、一起感动、一起开心、一起面对困难。他们是有血有肉的真实存在，是我用心用力地认真付出，也是我与另一个生命的深度陪伴和连接。这就足够了。

陪伴或许是我可以给予的最好的礼物。在未来的日子里，我会在不断学习和实践的过程中创造出属于自己的叙事风格，用一颗真诚的心，用我喜欢与擅长的方式去陪伴学生、陪伴他人。把我获得的帮助和感动传递给与我相遇的人，可以使我更好地看见自己和他人，与更多温暖而美好的故事相遇。

初心不改，静待花开！

苏　华

2024 年 2 月 15 日

目录

关系篇

谢谢你出现在我的生命中 \3
在理想状态斩断它 \10
不是不想 \18
寻找第三种选择 \22
想要深交关系 \30
从如临大敌到淡然自若 \38
和你的关系就是不一样 \45

学习篇

我的伙伴霸王龙 \51
做题恐惧的提醒 \63
拒绝录用信之后 \69
此摆烂非彼摆烂 \78
不着急做决定 \86

家庭篇

我改变不了世界，但可以改变自己 \93
我想和妈妈建立亲密关系 \102
纯粹的爱 \110

恋爱篇

面对突如其来的表白　\121
甜蜜的负担　\125
重感情是一把双刃剑　\132
渴望双向奔赴的感情　\141
从十分到零分的过程　\150
迷雾里找方向　\155

情绪篇

我想要控制情绪　\165
丰富情绪工具箱　\178
渐行渐远的难受　\184
焦虑的开关　\191

行动篇

嘿，你先等我一会儿　\203
我想梳理自己　\211
先把尴尬放在那里　\218
我与那把无边的伞　\227

致谢　\234
作者声明　\237

关系篇

谢谢你出现在我的生命中

  我知道我为什么不能和别人建立更深度的关系啦,其实是我自己想要跟对方保持距离感,是我想要离得远一点。为了不受伤害,索性不去建立更亲近的关系,这其实是我的选择。这样做带来的好处是不会乱交朋友,不会泛泛地交朋友。当然,每每看到别人有一大群朋友在一起快乐玩耍的时候,羡慕小虫就会偷偷地爬来爬去,弄得心里直痒痒。

  梦龙看着咨询室里的沙盘说:"这看起来挺有意思,下一次我可以试一试吗?"

  我说:"当然可以啦!"

  下一周,梦龙如约来到咨询室。与以往不同的是,这一次我们坐在沙箱旁的椅子上。跟梦龙简单介绍沙盘的用法后,他便迫不及待地起身去选择沙具。在沙具架前思考片刻后,他先选了一个沙具放在沙箱中,摆放好位置,又回到沙具架前挑选,然后再放至沙箱……就这样来来回回,直到他说可以了。我能明显地感觉到越到后面他挑选沙具的动作越慢，用的时间越长。我想，他一定是在用心选择他认为最适合的沙具来代表内心深处最想要搭建的场景。

梦龙共选择了23件沙具，有动物、植物、建筑物等，他给自己的沙盘作品命名为"美好家园"。绿水青山、小桥流水，这是他理想的家园；日出而作、日落而息、读书写字，这是他渴望的生活方式；悠闲自得、闲适惬意、静静地等待老去，这是他梦寐以求的生活状态。梦龙郑重地强调，这是他退休以后才可以去过的生活，现在还不行，因为现在还有很多事情需要去完成，比如：努力学习、提升技能、积累财富。现在的他告诉自己必须去努力，只有这样才能有机会将理想变为现实。

我们一起注视着梦龙摆好的沙盘，他说，在所有的沙具中那只小狗最重要，不可或缺。这让我意外又好奇，很想听听他和小狗的故事。

在梦龙12岁的时候，家里曾经养过一只田园犬，梦龙给它起名叫小白。梦龙特别宠爱小白，给小白喂食、帮小白洗澡，彼此成了好伙伴。可是，小白来到家里不到一年的时间却意外丢失，这让他非常难过。这件事在年仅12岁的梦龙心里留下了一道深深的伤痕。从那时候起，他下定决心以后坚决不会再养宠物，他怕小白的悲剧再次上演，悲伤会重蹈覆辙，因为他无法接受倾注感情以后再失去对方的结果，就像他失去小白一样。

对小白的回忆让梦龙联想到眼下的困扰——面对喜欢的

女生，他既想谈恋爱，又不那么想，他不知道这是为什么。这一刻，梦龙忽然意识到他的困扰源自担心。担心付出感情后却得不到回报，担心万一最后没有和对方在一起他会伤心难过。但是，如果他在这个过程中并没有付出感情，就算最后没有在一起，也不会觉得受到影响。所以，一方面，梦龙认为付出的感情必须有回报，否则宁愿不去做这件事；另一方面，他认为这和他拥有的情感资源不多有关系。如果在他本身情感资源尚且不足的情况下，情感倾注出去后又得不到回报，那他就会处于亏空状态。梦龙认为这是障碍，但也是自我保护，虽然听起来有些功利。所以，他的选择是与其让自己难过，还不如不去倾注感情，不去建立亲密关系。这样，就不会伤心和难过。

说到这里，梦龙猛然一惊，他兴奋地说："我知道我为什么不能和别人建立更深度的关系啦，其实是我自己想要跟对方保持距离感，是我想要离得远一点。为了不受伤害，索性不去建立更亲近的关系，这其实是我的选择。这样做带来的好处是不会乱交朋友，不会泛泛地交朋友。当然，每每看到别人有一大群朋友在一起快乐玩耍的时候，羡慕小虫就会偷偷地爬来爬去，弄得心里直痒痒。"说完，他哈哈地笑起来。

听梦龙这样说，忽然对眼前的这个大男孩儿有了不一样的认识。如果没有此刻的对话，我眼中的他或许就像梦龙所描述的那样——刻意与他人保持距离，不能建立更深的亲密关系。可是，当看到梦龙想要与他人建立亲密关系的愿望，看到他对投入情感后的亲密关系有担心和顾虑，也就深深地理解了对亲密关系既渴望又担心的那个梦龙，理解了那个想谈恋爱又不那么想的梦龙。

与此同时，听到梦龙和小白的故事，我才明白小白是他生活俱乐部的重要一员，因此决定尝试邀请小白一起来陪伴此刻的他。

"听你讲和小白的故事，那时候的你还只是一个12岁的小男孩儿，你负责喂养小白，会温柔地抚摸它，耐心地照顾它，用心地对待它，和小白相互陪伴，虽然小白跟你在一起只有不到一年的时间就离开了，但你们在一起度过了一段很美好的时光。你觉得小白会怎样来看待和你一起度过的这段时光呢？或者说这段时光对小白来说有什么样的意义和影响？"

听我这么说，梦龙有些意外，也许他从来没有这样想过，但他还是想了想说："小白应该会觉得这一年过得还算幸福，也很难忘。因为无论是我还是我的家人，都是很用心地、充满善意地照顾它。"

我接着问："如果小白有幸听到你刚才的讲述，知道它离开这么多年后的今天，从小男孩儿长大成为大男孩儿的你，仍然记得和它之间这段深厚的感情，回忆和它在一起的这段经历，让你看到自己在亲密关系方面的困扰。你觉得小白会对这个用心照顾它、好好对待它的你说些什么呢？"

就在这一瞬间，我看到梦龙眼中闪着泪光，那一刻我被深深地触动。我也由此想到了女儿和家里的金毛犬,因为它是孩子们的金毛小弟,所以起名为金弟。他们的感情和梦龙与小白之间有太多相似的地方。金弟来到家里也只有两年时间,这两年他们相互陪伴。在女儿和金弟相处只有几个月后的某一天,当她偶然看到电视中正在播放流浪街头的小狗被驱赶、被打骂的画面时,小小的她伤心地大哭,哭着让家人关掉电视,并且从那之后再也不看有小狗的任何电影和电视。她会用心地照顾金弟,金弟也会在女儿受到"欺负"时竭尽全力地保护她。女儿每次出门都希望可以带着金弟一起,否则她宁愿自己也不出门。她会帮金弟倒水、喂食,金弟也会乖乖地做她的"垫脚石",会安静地坐在她身旁看着她游戏、读书……这些画面一幕一幕地闪现在我的眼前,让我更深刻地体会到梦龙和小白之间的那份情感,也更加理解他们带给彼此的意义。

梦龙说:"我猜,它可能会说,虽然我们在一起的时间并不长,但是这段时间我真的很开心、很幸福、很满足。"他的回答打断了我的思绪,我也被拉回到当下的对话。

"当小白这样说,你会怎样回应它呢?"

"我想跟它说,其实那段时光对我来说特别宝贵,因为有它的陪伴,我也一样很开心、很幸福。"梦龙说。

"如果小白听到你说因为有它的陪伴,让你觉得那段时光都变得不一样,你因为有它而开心、幸福,你觉得小白会怎么想?"

"它一定会欣慰吧。"梦龙笑笑。

"老师,我知道了,虽然这段关系不知道会持续多长时间,也不知道结局会是怎样,但是我没有必要去害怕,因为不管在一起多久,这段关系都是很重要的、是有意义的,我还是要去建立关系,勇敢地迈出这一步。"梦龙像是发现了宝藏一样兴奋地跟我说。

"从担心投入感情后失去关系而不去建立关系,到现在决定选择去建立关系,是什么让你发生这样的变化呢?"我提出了心中的疑问。

"以前会更多在意最后在一起或不在一起的结果,现在看来其实忽略了中间的过程,就像我和小白一样,虽然我们没能彼此陪伴走到最后,在一起也仅仅只有不到一年的时间,可是那一年无论对我还是对小白来说都是重要的、宝贵的、幸福的。我很感谢它能够出现在我的生命中,我相信它和我的想法是一样的。"

陪你看见自己

和小白的关系让梦龙看到在关系中他担心的是什么,他担心付出感情后的关系得不到回报,没有结果。他也找到了不能和他人建立亲密关系的原因竟然是自己的选择,为了不受到伤害而选择不去建立更亲近的关系。

毫无疑问,小白是梦龙生命中重要的、不可或缺的成员。邀请小白一起来陪伴遇到困扰的梦龙,他们之间充满爱和感谢的对话,让梦龙看到和小白在一起短暂、没有结果但却幸福而美好的经历,让他从只是看重关系的结果,开始意识到建立关系的过程一样宝贵,对关系的认识自然也就发生了改变。

看到梦龙的释然和轻松,想象着小白可以更放心地离开,同时也为他生命中这个有着不一样意义的生命而感动。

在此之后的第二次咨询临近结束时,梦龙红着脸笑着跟我说,他好像要恋爱了,他主动跟喜欢的女生表白了。那一刻,他既紧张又害怕,有因为没有谈过恋爱而不知道该如何面对的无措,也有害怕失去这段关系的担心,但最终他还是勇敢地迈出了这一步。对关系认识的改变带来了行动的变化,这无疑是最好的验证。

真心地为这个善良、勇敢的大男孩儿高兴!

在理想状态斩断它

我现在能想到的就是在理想状态斩断它。我的理想化会认为有些事情不应该发生，其实好多事情都可能会发生。我其实太强求自己，也在强求别人。所以，要降低对自己的要求，也降低对别人的要求，允许一切问题的发生。我是有局限的，只要把我能做的事做好就可以了，这样其实是和我自己和解。

（一）

文凯的目标是考研，正在读大三年级的他在复习备考。他的作息安排是早睡早起，可是宿舍里晚上会有舍友聊天、看视频，有时还会外放声音。他尝试跟舍友约定，希望大家在宿舍熄灯后无论做什么尽量声音小一点。在这之后，除了舍友A依然像往常一样在熄灯后外放声音看视频，其他人都能遵守约定。文凯觉得A对他有意见、有看法才会这样做。他脑子里源源不断地出现各种消极的想法，每天晚上睡不着觉，导致严重失眠，影响正常的学习和生活。

"A在宿舍一直都是这样吗？"

文凯听我这么问，先是一愣，然后回答说："以前没怎么注意，最近才注意到。"他的回答让我很意外。

"那是从什么时候注意到的？"

"应该是在我跟舍友提出约定之后。"文凯说。

"A外放的声音会影响你睡觉是吗？"

"不会。"文凯并没有太多考虑便直接说。我心里想，不会？那影响文凯的究竟是什么呢？

"刚才说到声音和想法，我在想影响你睡眠的因素可能是外放声音、想法，你觉得还有其他吗？"

文凯一边思考一边说："不是声音，声音对我没有影响，我觉得是想法，或者只有想法，暂时想不到其他。"从他的回答中我似乎看到了答案。

"可以说说想法具体是什么吗？"

他沉默了好久，看上去似乎有些不好说出口。

"本来已经约定好的事情，可是他不遵守，我觉得他是故意的，他对我有意见、有看法才会这样，他不尊重我，总之这些声音都会出现，我越是这么想就越睡不着觉。"文凯表现得有些烦躁。

"A在宿舍熄灯后外放看视频的声音本身并不会影响你的睡眠，'A是故意的、对我有意见、有看法'这样的想法才是真正影响你睡眠的原因。可以这样理解吗？"

"好像是这样。"他点点头。

"当你看到这一点时，有什么想法？"

"声音本身对我并没有影响,我也决定不了他有没有声音,就那样吧,外放就外放,只要不影响我休息就行。"

"我能做的只能是改变我的想法。其实A是不是故意的我并不确定,如果我认为他只是习惯熄灯后外放声音看视频,这样想我就不会有想法;如果我认为他是在故意针对我,就会出现各种想法,严重影响到我。所以,对我产生影响的是那个想法和认识,而不是声音。"

文凯的表达流畅而自然,他已经知道真正影响自己的是什么,以及接下来往哪个方向进行调整。

(二)

报名考研学校后,还有不到两个月时间就要考试,文凯一方面觉得复习得不好,担心考不上;另一方面也受到同学的影响,他压力很大,根本无法正常复习。

文凯所指的同学其实是他的舍友B。B也在复习考研,但是B并不像文凯一样几乎每天一整天都在自习室学习,而是一边玩一边复习。最近,B经常在宿舍跟舍友说他数学可以考140多分。对于这一点,文凯虽然不相信,但他还是受到了影响,越来越觉得自己复习得不够好,做题时也很焦虑,总担心自己考不上。再加上B总是跟文凯吐槽复习的事情或者说一些听起来像是在跟他比较的话,这让文凯很不舒服。

文凯很清楚父母没有给他任何压力,考研的压力和要求是他自己给自己的。虽然明白如果考不上还可以再考,但内心还是更希望这次能够考上，不想再来一年，因为再考一次的压力会更大。

"你说有两个方面原因造成目前的学习压力，一是复习得不好，担心考不上；二是受到同学的影响，如果请你来评估一下，你觉得这两个方面分别占的百分比是多少？"

他轻声地说："20%和80%吧，受同学影响更大。"从两个数字很显然能够看到这一点。

"你怎样来认识B说他能考140分，或者跟你吐槽或是你认为的比较呢？"

"我觉得他是故意想把我拉下水，故意通过这样的方式来影响我，他是在给我施加压力。当我这么想的时候就会影响到自己，什么也做不下去，状态很差。"

"你说'当我这么想的时候就会影响到自己，什么也做不下去'。我在想，真正影响你的是什么呢？是B能考140分、B来找你吐槽，还是其他？"说完，我再一次重复刚才文凯说的话——当我这么想的时候就会影响到自己，什么也做不下去。希望他能从中看到一些什么。

文凯没有马上说话，他在思考。

"好像是想法，是我对这些事情的想法，和睡眠的情况是一样的。"他的声音压得很低。

"当你看到真正影响你的是那个想法，而不是这件事本身时，带着这样的认识，重新来看复习压力、复习不下去的情况呢？"

"有可能他在和我比较，但其实我不想和他比。比较会让我很烦，很难受。还有可能他只是想跟我说一下。"文凯一句一句地说，每一句都有停顿。

"对于同一件事，现在似乎有了三种认识。他是故意来拉我下水、来影响我，他是在和我比较，他只是想跟我说一下。请你来看一下这三种不同的认识对你造成影响的可能性分别有多大？最高分是10分，最低分是0分。"

"第一种可以达到10分，就像现在这样被影响；第二种因为我本身不愿意比较，所以可以达到3分；第三种是0分。"

"10分、3分、0分，你怎么看？"

"想法最重要吧，感觉自己太理想化了，好像每件事我都希望是理想状态，我知道不应该这么想，但是不知道怎样跟自己和解，不知道怎样跟别人和解。我的理想状态是晚上宿舍熄灯后大家就应该要安静地睡觉，当A没有睡觉并且发出声音的时候，就打破了我的理想状态，这个时候我会非常在意这件事情，并且会有很多想法。考研复习的理想状态是自己复习自己的，B不用来问我，我也不会去问他。如果他来问我，那么我的理想状态就被打破了。当我的理想状态打破以后，感觉会很不好，我同样会在意，会有很多不好的想法，也会去想各种各样的办法，就像是一种习惯性的模式。"

这一刻，我看到文凯对于他当下困难的理解，看到他对理想化状态的看重，还有他面对困难的态度。

"你看到了自己习惯性的模式，事情发生—打破理想化状态—在意—出现想法—产生影响。与此同时，你说当理想状态被打破后，会感受不好、会在意、会有想法，但是也会去想办法，可以说说你想到的办法吗？"

"我现在能想到的就是在理想状态斩断它。我的理想化会认为有些事情不应该发生，其实好多事情都可能会发生。现在发现我其实太强求自己，也在强求别人。所以，要降低对自己的要求，也降低对别人的要求，允许一切问题的发生。我是有局限的，只要把我能做的事做好就可以了，这样其实是和我自己和解。"

文凯似乎找到了他认同的可以来面对眼下困难的方法。这一刻，我知道我要做的就是相信他，相信就好。

"那带着'在理想状态斩断它'落实到现实的困难中，具体可以怎样做呢？"即使有再好的想法，也还是要陪着他落脚于现实生活中。

"状态不好、情绪不好的时候，先看看具体发生了什么事，然后再看对于这件事我的理想状态是什么？现在状态不好是不是因为理想状态被打破？如果是这样，再看可以如何降低对自己的期待和对他人的期待。"

"考研复习受到影响这件事，现在 B 来找我打破了我的理想状态，其实他来不来找我，我并不能决定，他能考多少分我也不能决定，我能做的就是做好自己的事情。如果他来找我，我可以从另一个角度想办法，我要考虑的是怎样把发生的事情处理好。"

听文凯这么说,我会感叹,学生的智慧永远超出我们的预期。

"假设今天你回到宿舍,B像往常一样来找你,B说他能考140分,说今天做了什么样的题等,你会怎么回应他?"

"你真厉害!"文凯笑着说。他一改平日的严肃和认真,带着一丝幽默和放松。

"真心的吗?"我半开玩笑地问。

"有一点儿违心,但是好像当认识到这件事情的发生不是我能改变的,是可以发生的,自己就会好很多,也不再当它是个事儿。其实,我不愿意让B来找我,我可以拒绝,只是还没有找到更好的方式来表达拒绝。"

除了允许事情的发生,还可以表达拒绝,不得不说,这又是一个新的、值得探索的方案。

"如果用'理想状态'来看舍友A熄灯后发出声音呢?"

"我的理想状态当然是A在熄灯后可以安静睡觉,可是我和A不一样,我会严格按照作息时间来做事,A却不是。我考研,A不考,他也不需要早睡早起。所以,降低对A的期待,也允许事情的发生吧,只要声音本身不影响到我就行。如果声音本身大到我没有办法睡觉,我也会再想办法,哪怕再单独找A谈一谈。"我相信文凯可以做到,就像一开始他会主动跟舍友约定作息时间一样。

陪你看见自己

无论是舍友熄灯后外放声音看视频，还是同样考研的舍友对于考研学习的言行，都给文凯带来了困扰。当他看到困扰自己的是对事情的想法而不是事情本身时，当看到原来自己有对"理想状态"的期待时，当他看到自己的理想状态被打破后产生想法而受到影响的习惯性模式时，他并没有只是停留在困扰本身，而是身处困扰的同时去寻找各种各样的办法，他找到的应对办法是：在理想状态斩断它——降低对自己的期待，降低对他人的期待，允许一切问题的发生，做好自己该做的事。

同时，请文凯用"理想状态"来看眼下面临的困扰，他已经知道该如何去面对，甚至还发展出"尝试与舍友进行沟通""找到更好的表达拒绝的方式"这些值得细细去探索的新方案。

毫无疑问，文凯才是认识和解决自己问题的专家，我们要做的是陪伴、倾听、尊重和相信。当然，作为倾听者，我们要不断练习自己的耳朵，在倾听中听到困难、挑战、问题、无力的同时，还可以听到学生在问题和困难中的努力和力量，既听到问题对学生的影响，也可以听到学生对问题的影响。事实证明，双重聆听可以打开对话的空间，可以让故事从无力中走出来。

不是不想

> 既然他把我拉黑了，那有可能他找到了另一个更合适他的人，那个人应该能让他高兴，能让他更好。所以，我不需要再牵挂他，也不需要再愧疚，到此为止吧。

从梦欣走路的姿态，进门跟我打招呼的语气、语调和她的笑容，看得出来今天她的状态不错。梦欣说确实是这样，她也有感觉，第一次来咨询的时候真的很不好，状态很差，但是现在她一直在慢慢调整自己。

梦欣说，当别人想要跟她建立亲近的关系时，她好像会有意识地回避，她不确定是不敢？还是不想？很想多认识多了解自己。

我们从最近困扰梦欣的事情开始，通过一点一点地对话，把碎片的信息重新整理后看到一个全新的、不一样的故事。

前段时间梦欣在网上认识了网友海，海有严重的抑郁情绪，随时会出现消极状态，甚至有伤害自己的想法和行为。梦欣曾经想尽一切办法去阻止海，去帮助他。所以，海对梦欣非常接纳，也会频繁地在网络上主动联系她。但是过了一

关系篇

段时间后，梦欣的状态也不是特别好，这时候的她通过游戏来麻痹自己，甚至沉迷于其中。那时候，梦欣虽然意识到她对于海的重要性，也能明确感觉到海想要和她走得更亲近。但她考虑再三后还是决定不再去维系这段关系，最直接的表现是当她看到海发来的信息时，她选择不再回复。梦欣认为海一定也感受到了她的刻意，没过多久海便把她拉黑了。

"你说放弃这段关系是考虑再三后做出的决定，可以说说你的考虑吗？"

"一开始，我确实可以在海情绪不好的时候安慰他，甚至阻止他，我觉得那时候我有足够的能量。可是后来就越来越懒，不再回复信息。因为我的状态也越来越不好，面对他这样一个时时刻刻都有自我伤害风险的人，我觉得好难。我其实不知道该怎么面对他，我会很担心自己处理不恰当。好像连拉自己都做不到，更不要说去帮助别人。"

我尝试着去体会梦欣的感受，对于一个本身能量就不够的人来说，还要去面对一个能量更少的个体，这是非常不容易的事情。

"所以，不是你不想帮助海，而是面对海的情况你不知道该怎样去帮助他，是这样吗？"

"应该是这样。在我状态还好的时候，我确实也帮助了他，不然他也不会对我那么依赖。但是，我明明能感受到他想要跟我的关系更亲近，可是我却选择了退缩，甚至是放弃，总觉得我没有对他负责，所以很愧疚。"也是从这里才知道，真正困扰梦欣的是她对海的责任感和愧疚感。

"事情已经过去这么久，现在的你依然会觉得愧疚，你觉得愧疚背后的心意是什么呢？"我始终相信任何负面情绪的背后都有一个良善的愿望。

"我真的希望他能好一点。他这个人特别好，特别善良，他主动去做志愿者，并且捐钱捐物给需要的人，他做到的事情我根本就做不到。越想到他的好、他的善良，我的愧疚感就会越强烈。"对一个善良的人有这么强烈的愧疚感，同样能看出梦欣的善良。

"不管海现在在哪里，不管他在做什么，假设他听到了我们的对话，听到在你的心目中他是那么好，你那么认可他；听到你讲他做了那么多力所能及的事情来帮助别人；听到你因为自己当时状态不好而没有选择继续这段关系；听到你的心愿是真的希望他能够过得好一些。当海听到这些，你觉得他会怎么想？他会跟你说些什么呢？"

梦欣想了好久后说："他可能会说'知道了'。"

"当海说'知道了'，你怎么看？"

"既然他把我拉黑了，那有可能他找到了另一个更合适他的人，那个人应该能让他高兴，能让他更好。所以，我不需要再牵挂他，也不需要再愧疚，到此为止吧。"说完，梦欣转头看向窗外，原来她一直在牵挂着海。

"通过海的事情，对于不确定是不敢还是不想去建立亲近关系这一点，是否会有一点点启发？"

关系篇

"我不是不想，我很想要和别人建立更亲近的关系，我也愿意给身边的人带去快乐和帮助。只是因为海的情况很特殊，我不知道该怎么帮助他，怎么去面对他，也会担心因为说错话、做错事而影响他，让他受到伤害。所以，我是因为不知道该怎么办才最终选择不再继续这段关系。"

陪你看见自己

刚来到咨询室时，梦欣只是说她因为懒得回复网友的信息而被拉黑。如果这个故事只是停留在这里，好像我们看到的故事也只是如此。可是，当我们看到故事背后的故事，看到梦欣主动选择放弃这段关系背后的心意——她不是不想帮助海，而是不知道该怎样面对海那么复杂的情况，她不知道究竟该说些什么做些什么才能真正帮到对方；她担心自己处理不好而让海受到伤害；她的心愿是希望海可以更好；即使事情过去这么久，善良的她依然在牵挂着海。当她看到自己真实的心意时，才真正地理解了自己。

故事在流动中变得更加丰厚。即便我们不可能看到故事的全貌，但被丰厚的故事已然和原来的故事不一样了，故事的主角也并不像我们表面看到的那样。

虽然不知道海现在身在何处，但我想他一定能感受到梦欣良善的心愿。希望他可以像梦欣所希望的那样，已经找到那个可以让他更好的人。梦欣也可以放下牵挂，安心地面对自己的生活。

把最真诚的祝福送给两个善良的人！

寻找第三种选择

> 我随时都会在意和别人之间的关系,比如老师安排的工作我没有完成好,这个时候心里就会咯噔一下,我认为这会影响到老师对我的评价,会影响到我和老师的关系。这种在意让我就像一只随时都会受到惊吓的小鸟,任何时候都可能会出现不好的感受,一有动静就会非常害怕。

春宇像往常一样走进咨询室,在窗边的椅子上坐下来,他已经习惯了这个位置和这把椅子。他说好像每次一坐在这里,他的问题就不那么严重了,也会自然而然地去盘点过去这一周的收获和进展。同一个时间段、同一个房间、同一把椅子,这样稳定的设置确实会给学生带来安心和确定感。

"如果给今天的对话确定一个主题,你更想谈的是什么呢?"在春宇讲了很多这一周发生的事情后,我还是希望我们的对话可以更聚焦。

"我希望可以探索我的人际关系。"春宇说。

"如果咨询非常顺利,百分之百达到了你的预期,你觉

关系篇

得咨询后的你和现在的你相比会有什么不同？"

"咨询非常顺利的话，我的执念就不会太深，会释怀。之前我会希望别人都认为我是很好的，是和善的，和我的关系也很好。如果需要投票，他们也会投我一票。但是我很清楚，为了达到这样的目标，我付出的代价就是去委屈自己、去妥协，而这样的委屈和妥协不是我想要的，会让我很难受。所以，希望自己在追求关系的过程中不是那么妥协，会更舒服一些。当然也要去接纳一个事实，那就是你不可能比所有的人都强，你也不可能让所有的人都喜欢你，还是要去接纳不利于自己完美人设的事情发生，不再像一只惊弓之鸟。"

"我随时都会在意和别人之间的关系，比如老师安排的工作我没有完成好，这个时候心里就会咯噔一下，我认为这会影响到老师对我的评价，会影响到我和老师的关系。这种在意让我就像一只随时都会受到惊吓的小鸟，任何时候都可能会出现不好的感受，一有动静就会非常害怕。"

春宇一口气讲了很多，他竟然会这样来比喻自己，我心里很复杂，更多的还是心疼，会想象那只随时会受到惊吓的小鸟该有多紧张、多不安。

"执念不会太深，会释怀，会接纳，这是你想要达到的状态，如果完全达到你满意的那个状态是10分的话，你觉得现在的自己处在几分？"我想了解春宇现在的状况。

"6分。"他毫不犹豫地说。

23

"从6分到10分，还有4分的差距，假设在6分的基础上有所提高的话，你觉得接下来我们可以讨论哪个部分会对提高分值有所帮助？"征求春宇的意见，我相信最了解春宇的是他自己。

"过去之所以妥协是因为不够坚定，如果坚定就会去坚持，但是坚持就有可能会发生冲突，我害怕发生冲突，因为冲突会影响我们之间的关系，妥协又会让自己很难受，或许可以看看能不能实现不那么害怕冲突，又不会让自己难受吧？"春宇在一次一次地讲述和整理中一点一点接近他的内心。

"可以多说一说冲突和关系吗？"对于春宇来说这似乎是关键的认知。

"如果我和对方的观点是相近的，当对方表达他的观点时，我就会赞同他，当我赞同他的时候，对方就会开心，那我们之间也会因此建立良好的关系。但是如果我们两个人之间的观点是相左的，当我提出我的意见时，我是在反对他，对方就会不开心，而这种不开心会影响我们之间的关系。所以，哪怕我有自己的声音，我也不会去说。"

"我有我内心的声音，但是我不说，因为我说了以后可能会和对方的观点相左，这样就会引发冲突，而冲突会影响我们之间的关系。但是当我不能去表达自己内心声音的时候，我又会觉得自己是妥协的、是委屈的，而这种妥协和委屈会让我很不舒服，不是我想要的，是这样吗？"总结、重复春宇的表述，希望得到他的答案，看看我的理解是否准确。

"确实是这样。我最近遇到的困扰就是这样的情况，也很想找到解决办法。"

"说说看。"我希望可以通过具体的事例来明确他的困扰。

"在目前参与的科研小组中我是组长，小组刚成立的时候，为了更好地管理小组，我提议小组开会或者集体活动的时候迟到的人要做二十个蹲起，当时大家一致同意，这也成为我们小组成员共同的约定。但实际上真的有成员迟到的时候，我并没有让大家去履行这个约定，去付诸行动。我会觉得如果坚持让小组成员这样做，对方会不高兴，会影响我们之间的朋友关系，不会再像现在这样亲密。"看到春宇的选择有他的考虑，他在意的是双方的亲密关系。

"似乎不去坚持履行约定，就可以保证双方之间亲密的关系？"

"我原本是这样认为的，可是现在的结果也并不乐观。因为，我特别看重工作中的规则，也一直要求自己遵守规则。现在不履行约定其实小组里其他成员对我也会有看法，因为我说过的话没有做到，会觉得作为组长的我是不合格的，也会影响我和他们之间的关系。"

"这个约定可以说是你看重的规则。"

"是的。"春宇在意的不光是关系，还有规则。

"好像无论选择坚持履行约定还是不坚持履行约定，都会影响到关系。"

"确实，那还不如坚持呢！"他不假思索地说，"之前，我一直都在犹豫和纠结的是我到底要不要让小组成员在迟到的时候去履行约定，好像我的选择只有履行和不履行。可是现在看来不管我怎么选择，都会失去一些东西，都有可能会影响到关系，如果是这样的话，还不如选择让对方履行约定。"

"你不光看重关系，同时也看重规则。之前的认知是有了关系就没有规则，有了规则就不会有关系，两者似乎不可兼得，是这样吗？"

"是的。其实除了事先说明规则，大家明确约定，提前做好心理准备。还可以在表达方式方面有一些改变，比如不要生硬地跟对方说今天迟到了，你必须要遵守约定做二十个蹲起。而是可以跟他说看看时间，别忘了我们之间的约定哈。用这样相对委婉和放松的表达方式，让对方遵守约定。即便是受到了'惩罚'，作为组长的我依然可以在私下去做一些工作，这样也可以让我们之间的关系不受到影响。"

春宇在讲述中找到一个又一个方法，我很赞叹他可以这么快找到解决问题的突破口。

"事先明确约定，改变表达方式，私下做工作，也就是在表达方式和做事方式上进行调整和补充？"

"对，对。"春宇频频点头表示赞同。

关系篇

"如果你真的可以做到这些，结果和之前会有什么不同呢？"

"原来好像摆在我面前的只有两个选择，要么选择规则，坚持履行约定；要么选择关系，放弃履行约定。可是现在看来，其实两者是可以兼顾的，既可以遵守工作中我看重的规则，又可以通过调整做事的方式、表达的方式，保证和小组成员的关系不会受到影响。这是以前从来没有过的思路，可以去试试看。"看来春宇已经找到了方法去面对眼下的困扰。

"通过科研小组的事例，对于你想要实现'不那么害怕冲突，又不会让自己难受'这一点，有什么新的灵感吗？"

"按照我之前的认识，好像表达与对方不一致的观点就会发生冲突，有冲突就会影响关系。我以为不表达观点就不会有冲突，没有冲突就会保持所谓的好关系。但其实结果并不一定是这样的，就像科研小组的事情，即使我没有让成员履行约定，我们之间也未必会是好的关系，我也不一定能让大家满意。所以，观点可以表达，约定也可以履行，如果可以选择合理的表达方式和做事方式，也许就不会有冲突，我当然也不会难受。"

虽然春宇的话听起来有点拗口，但是他心里很清楚想表达什么，只是表述得不太清晰。

春宇说，如果再遇到困扰，他可以先把下意识出现的解决问题的想法写出来，然后针对这件事情涉及的关系进行分析，看是否属于担心有可能会发生冲突影响关系而去妥协或者委屈自己的情况。如果是这样，看一看可以怎样做或者通过什么方式能够实现既不委屈、不妥协又可以不影响关系，就像现在这样既遵守规则又保证关系。然后把两种方式进行比较后再来决定选择哪一种。

另外，他觉得还可以去问问身边擅长处理关系的人，看他们会怎样来处理，跟对方学习解决问题的方法，他相信一定可以找到第三种选择。

"不知道有了这些灵感后，6分是否有提高？那只'惊弓之鸟'会不会有变化呢？"我试着问春宇。

"6分可以提高到8分，不过暂时不需要再去看了，因为我想先试试现在找到的办法。小鸟当然有变化，虽然它还是会受到惊吓，但被吓到的频率和程度应该会逐渐变少变弱吧。"

陪你看见自己

春宇的回答让我很欣慰，也真心为他高兴。

整个对话相当流畅，惊叹春宇的反思力和迁移力。他知道自己想要探索的是人际关系。看到他既希望有好的关系，也不想有冲突；既希望有好的关系，也不想因为委屈和妥协而让自己难受。

通过科研小组的事情，看到他既看重关系，也看重规则。认识到关系和规则并不一定是二选一，还可以通过第三种选择来让两者兼得。这一点也让他迁移至眼下的困扰，从而改变了原有的关于关系、冲突和感受的认知——如果可以选择合理的表达方式和做事方式，也许就不会有冲突，自然也不会有委屈和妥协，不会有难受。他相信一定可以找到第三种选择。

希望那只小鸟不再时时刻刻生活在紧张和不安中，希望它可以没有羁绊、没有束缚地在天空中自由飞翔。

想要深交关系

有那么一个人或者几个人，我和他们之间什么话都可以说。如果我需要帮忙可以毫无顾虑地找他们，当他们需要帮助的时候也会找我。这应该是我理想中的深交关系，可是我从小到大都没有过这样的关系，之前的朋友只能算是玩伴。女朋友可以算是，但是因为和女朋友已经分手，所以这段所谓的深交关系也就不存在了。更何况女朋友以后可能会变成家人，所以和其他的关系并不一样。

（一）

星州说从小到大他一直没有真正意义上的朋友，没有可以说心事的人。他很想结交朋友，但不知道该怎样去找到切入点，不知道该如何跟对方表达。

"虽然没有好朋友，但是我在中学和大学跟所有的老师关系都很好。"听星州这么说，我知道这是妥妥的例外事件，值得我们去看一看。

"可以说说你和老师的关系吗？通常会怎样和老师相处？"

"在中学经常会在课堂上积极主动回答问题,也会在课后问老师问题,老师虽然嘴上说这么简单的题都不会,但还是很耐心地帮我解答,我猜老师内心还是喜欢好学的学生。随着成绩一点一点提升,老师也越来越喜欢我。即使上大学后,每年放假回家都会去看老师,过节也会给老师发信息。"

"大学作为学生干部,经常有机会跟老师一起做事。只要老师需要,我都会积极主动去帮忙,也常常会跟老师交流学习和生活的事情,甚至有时候会在课余时间跟老师和同学们一起踢足球,所以跟老师的关系也比较熟悉。"星州很轻松地说。

"看得出来,无论是中学还是大学,你和老师的关系都很好,在相处的过程中有什么共同的地方吗?"

"会多去找老师沟通,遇到困难的时候请老师帮忙;也会跟老师多接触,主动帮助老师做事。"毋庸置疑,星州知道该如何与老师们相处。

"你从小到大的同伴关系怎么样?"对于学生来说,除了和老师的关系,同伴关系也是不容忽视的。

"曾经有一个邻居从小一起玩到大,因为他高中辍学外出打工,后来就没有再联系。小学有两个比较要好的同学,我们会在学校一起打篮球,放学顺路一起回家,后来因为初中和高中都不在一所学校读书,也没有再继续联系。初中没有好朋友,但是有一起玩的同学,人数还比较多,有七八个人,现在到大学后仍然会跟这些同学有联系,放假回去也会相约一起吃饭。高中在学校寄宿，有两个好朋友，我们一起吃饭、打篮球，后来这两个朋友跟其他人一起玩，慢慢变得疏远。也是因为这样，我觉得高中这些所谓的朋友都是表面朋友，到现在很多人连名字都不记得了。大学没有深交的同学，但是舍友都挺好，他们对我的印象都不错。这样说起来，好像每个阶段的朋友都因为这样或那样的原因失去了联系，一去不复返，这一点在此之前从来没有意识到。"看得出来星州很失落，或许这真的是他第一次清晰地看到曾经的伙伴们在他的生命中——走散。

"这样看，你在每一个阶段都有同学或朋友，似乎初中和大学的同学关系还不错，可以说说在和他们相处的过程中做了什么吗？"我继续尝试探索。

"初中同学每次放假回来都会约一起吃饭、出去玩，所以联系一直都没有断。大学作为学生干部，平常会负责查考勤，虽然当时会按照要求把迟到的同学记下来，但是第二天我都会提前去同学宿舍提醒大家不要迟到。我的成绩还不错，也常常会去其他宿舍串门，主动告诉大家如果有同学在学习上遇到不会的内容可以来问我。我会跟同学一起吃饭、一起打游戏、一起闲谈，他们也喜欢听我唱歌，参加学校的演出活动时大家也都来支持我。"

"你会跟初中同学在假期一起吃饭、玩，会提醒大学同学不要迟到、在学习方面主动帮助大家，跟同学一起做事、娱乐，听起来你有一套属于自己的和别人建立关系的方式，也能给对方带来好的体验。不知道我的理解是不是准确？"

"可以这么说。"星州回答说。

"那如果是这样的话，在你的关系中有中学同学、有大学同学、有老师，有一套属于你自己的建立关系的方式，并且关系也还不错，那你的困扰究竟是什么呢？"我想再次明确星州的目标是什么。

"现在确实是有朋友，可是都不是深交，没有深交的关系。"

"假设你现在已经拥有了深交关系，那时的你和现在的你有什么不一样？"我很好奇，也很想了解星州所指的深交关系究竟是一种怎样的关系。

"有那么一个人或者几个人，我和他们之间什么话都可以说，如果我需要帮忙可以毫无顾虑地找他们，当他们需要帮助的时候也会找我。这应该是我理解中的深交关系，可是我从小到大都没有过这样的关系，之前的朋友只能算是玩伴。女朋友可以算是，但是因为和女朋友已经分手，所以这段所谓的深交关系也就不存在了。更何况女朋友以后可能会变成家人，所以和其他的关系并不一样。"星州想了好久后告诉了我他的答案。

（二）

星州说，他知道建立关系并不是一蹴而就的，需要付出时间和精力，因此，虽然澄清了星州对于深交关系的理解，明确他的目标是想要建立深交关系。但是因为他正在准备考研，所以现在要把更多的时间用在学习上，不可能花很多精力也不会刻意去跟别人建立这样的关系。

"我很好奇，你既然那么渴望拥有深交关系，也知道想拥有这样的关系需要付出时间和精力，可是现在又不想花时间和精力去建立关系，听起来有些矛盾，你怎么考虑这一点呢？"我直接提出了心中的疑问。

"可能是我从来就没有过理想中深交关系的体验和经验，所以其实我不知道该怎样去建立这样的关系。之前跟舍友和父母都有过尝试，但是都失败了，所以不知道该怎么办。"

接下来，星州讲了一些他主动与舍友、父母建立关系的事例，按照他对于深交关系的理解和界定，确实不能算是成功的体验。

"既然你的心愿是建立深交关系，那此时此刻的你最想跟谁建立理想中的深交关系呢？"我想回到星州的目标和他的现实生活。

听到这个问题，星州愣住了，他先是回答说没有，我还没来得及说话，他紧接着说："以前从来没有想过这一点，如果要选择的话，那就和舍友吧，毕竟是要生活在一起的，每天在一起的时间也最长。"

接下来，和星州一起来看他和舍友的情况。宿舍共有5人，其中1人在入学没多久便加入学院实验室，经常在实验室学习，跟实验室的同学关系更好；3人加入篮球队，他们每天晚上去篮球场训练，这三个同学关系更亲近；星州加入合唱团，也是在晚上训练。这样一看，星州发现其实他并没有太多时间和机会跟其他舍友在一起，而这种状态从大一入学没多久开始一直持续到现在。

一周后，再次见到星州，他说这一周总体还不错，学习方面在朝着他的目标前进。和舍友一起吃饭、一起学习，关系融洽，和舍友关系变好让他心情好、状态好。

"可以具体说说那个变好吗？"变化总是值得被关注的。

"前几天两个舍友同时患重感冒，出现发烧、咳嗽的症状，因为我在他们之前也是一样的症状，所以当时我主动把我的药和体温计分享给舍友，能感觉到舍友很感谢我的帮助。还有一次，当我主动提出想让舍友陪我一起去商场买东西的时候，舍友毫不犹豫地答应了，以前其实也有过这样的尝试，但是感觉舍友比较勉强，而我又不愿意强求别人，之后也就没有再提过，可是现在明显感觉到我们的关系发生了变化。"

听起来星州所描述的和舍友的互动只是日常生活中的小事，可是在他这里却是在关系中有良好体验的宝贵经历，也是一个新的开始。所以，事情无大小，一个眼神、一个动作、一句话，都足以给予对方好的感受，而这同时也会影响到一段关系。

"你觉得是什么让舍友对待你的态度有了这些变化呢？"

"关系是相互的，应该是我主动去关心舍友，才会让舍友有这样的变化吧。还有时间和空间的交集多了。以前基本上都是各忙各的,和大家在一起的时间很少,现在因为要准备考研,这个学期课也比较少,所以更多的时间都在宿舍学习,同在宿舍这一个空间,在一起的时间也变得多起来。上次咨询意识到想跟舍友相处好,并且在一起的时间很少,我好像会有意识地去调整,这样的生活状态很好、很充实。"

有时候,我们急于想要寻求改变,但其实意识是改变的开始。星州意识到和舍友在一起的时间少、交集少,然后他开始主动去调整,这样才带来了关系的改变。

"变化后的舍友关系是你理想中的深交关系吗?"回到星州的目标。

"我认为的深交关系是什么都可以说,可以互相帮忙,现在和舍友互相帮助这一点没有问题,什么都说可能还达不到,但是我相信是可以实现的,只是需要时间,要慢慢来,对于现在的我来说已经是很大的变化了。"这一刻的星州坚定而有力。

"和舍友的关系发生变化,这份变化对于未来你与其他人建立深交关系带来的最重要的经验是什么呢?"试着再往前走一步,毕竟在他的生命中除了舍友,还有现在的同学、未来的同事……

"我觉得最重要的是意愿,我有想要和对方去建立关系的意愿,这是最重要的。然后才是付出时间,和对方在时间和空间上多一些交集。还有刚才说到要主动去关心对方,去对别人好,多付出一些。当然付出也不是无限制地付出,付出的同时要看对方的回应，不能只是一味付出。"

"意愿最重要。之前更多的是在想和不想之间的矛盾和纠结，当确定就是想要的时候，也就没有了这些顾虑，直接去做就好了。在处理关系的时候不要总是被动等待，还是要更主动些。"

星州已经找到了他想要的答案，不需要再多说什么。

陪你看见自己

星州有想要建立深交关系的愿望，对深交关系有他自己的认识——可以什么都说，可以互相帮助。

当他意识到和舍友的关系现状受到缺乏建立关系的意愿和时空交集少的影响时，他愿意为了建立理想中的关系进行积极的探索和调整。他结合自己现实的生活状态选择舍友作为想要建立深交关系的对象，有意识地增加和舍友在时间与空间方面的交集，主动关心和帮助舍友，日常生活中微小的行动改变为他带来了良好的体验，也是他建立理想的深交关系向前迈出的一小步。

无论是星州对深交关系的认识和理解、属于他自己的和老师与同学相处的方式，还是他从行动中获得的经验和感悟，都是属于他自己的在地性知识。

我相信，当星州重复说"最重要的是意愿"时，当他告诉自己要主动而不是被动，要去做而不是矛盾和纠结时，他想要的深交关系也只是需要时间而已。正像他所说的那样，他相信是可以实现的，要慢慢来。

从如临大敌到淡然自若

> 我就像一座城堡，之前的这座城堡并不是很坚硬，炮弹过来就会被打倒、被打碎，但是现在这座城堡已经变得很坚硬，炮弹打上去可能会有坑，但不是洞，只是有痕迹而已。

赫琛起初前来咨询的议题是人际交往和恋爱，他用一个词"变化"来总结这一阶段的咨询。

"可以具体说说变化体现在哪里吗？"

"首先，我不那么敏感了，能够表达出我的需求和内心的想法。比如：宿舍里有同学打游戏影响到我休息，如果在以前，我一定什么都不会说，但是现在我会跟舍友说影响到我休息了，请他们声音小一点儿。"

"其次是敢于表达拒绝。以前为了确保友好的关系，我不会拒绝别人，或者说不敢拒绝。如果有人求助于我，即使我不想或者没有时间帮助对方，我也没有办法拒绝，总觉得拒绝会影响我们之间的关系。但是现在，如果我真的不想去或者没有时间,就可以表达拒绝,只是会通过提出客观存在的情况去拒绝,比如今天确实不舒服或者有其他事情要忙。"

这些是赫琛在生活中发生的真实变化,也是对他来说极其重要的变化。

"这两点似乎都和关系有关,敢于表达需求,敢于拒绝对方,是什么让你现在可以做到?或者说是什么让你有了这样的变化?"

"你不可能让所有的人都满意,如果你想让所有人都满意,你一定会很累,也不可能做自己。另外,每个人都是不一样的,双方很可能会有不同,甚至产生冲突。为什么非要委屈自己迎合别人呢?这是没有必要的,通过这种方式得到的关系也不一定是我想要的,不一定靠谱。所以,以前在表达需求和拒绝别人的时候,总觉得自己低人一等,现在意识到这些后,我觉得双方是对等的关系,我可以和对方平等沟通,明显感觉到我的心理能量变强了。"

"最近有一件事特别有感触。每周宿舍会有卫生检查,按照起初入住宿舍时的约定,卫生检查的当天下午所有舍友都要一起打扫宿舍卫生。可事实上,大家并没有遵守约定,总是有舍友因为这样或那样的原因不参与其中,甚至有时候没有一个人劳动。以前如果遇到这样的情况,我只能自己干活。我总是认为,如果我先去做,别人看到后一定会跟我一起,但事实上却不是这样,即使我在打扫卫生,大家依然各自做各自的事情。上周遇到同样的情况,我鼓起勇气主动问舍友愿意跟我一起打扫卫生吗？我先后问了两个舍友，他们竟然都同意了，并且确实都放下手里的事情跟我一起干活，这件事让我特别开心。当然也是这次成功的经历让我不再害怕去邀请别人，哪怕是被拒绝也没关系，好像心理能量变强以后就不再担心被拒绝，不再害怕产生冲突，也不再去刻意迎合对方来维系关系。"

"女朋友向我倾诉的时候，原来我关注的是女朋友倾诉的事情本身，发生了什么事，我需要去做什么。可是现在我会学着关注女朋友的情绪，看女朋友想表达的情绪是什么，而不只是事情本身，所以不会像以前那样马上表达我的观点，而是耐心地听她讲，并试着去回应她的情绪。原来不知道女朋友的想法时会更多去猜，用我的想法去猜测她的想法，但是现在我会去问对方需要什么，需要我来做什么。现在两个月过去了，我们吵架的次数大大减少，或者说几乎没有过像之前那样的吵架了。"

除此之外，赫琛觉得他的情绪更稳定了。因为他发现一个对他来说非常有效的方法，那就是自我对话，通过自我对话来调节情绪。

"最近我和同学筹备了一场活动，我们一起召开策划会商量活动安排，可是在活动过程中却因为疏漏出了差错。按照往常，当我没有做好事情时我会自责，会内疚，但是现在我会跟自己对话，会告诉自己：这不是我一个人的问题，而是大家一起商量后共同来完成的事情，所以这样的疏漏不光是我没有想到，大家都没有考虑到。"

"人不是万能的，不是完美的，不可能100%考虑周全。"

"下次遇到类似的事情会更有经验。"

"即使有疏漏，同学和老师并没有责备你。"

"通过这样的自我对话，不会再更多责备自己，也不会有内疚，更不会像之前那样有太大的情绪波动。"

"当我看到别人努力学习的时候，以前会有很强的失落感、沮丧感和内疚感，但是现在却没有那么强烈。因为我看到每个人的目标都不相同，大家采取的步骤和实现的方法也不同。你有你的节奏，我有我的节奏；你有你的打算，我有我的安排。大家都有不同的路要走，不要去羡慕任何人。每个人在不同的阶段都有自己的烦恼，有多大能力就去实现多大的目标。想到这些好像更能接纳自己了。只要努力了，不管结果如何都很幸福，努力了就OK。"

"我有一种感觉，就好像咨询前后我经历了三个阶段：初始阶段、中间阶段和最后阶段。初始阶段是原来的自己；中间阶段是为了达到更好的效果（比如为了拥有更好的关系）去控制自己，去压抑自己，去进行对抗，但是这样就会有挣扎，有愧疚，有纠结，有痛苦；最后阶段觉得自己又回到了原来的状态，想怎样就怎样，但是没有了对抗，没有了控制，让自己更加舒服，就好像达到了自洽的状态，悦纳了自己。'我还是我，但已经不是原来的我'这样的一种状态。"

赫琛说了很多很多，我就这样静静地听他一边分享一边整理发生在他身上的变化,和舍友的关系、情绪表达、和女朋友的关系、自我对话、三个阶段……这一刻,我不愿意有任何打扰,因为我知道故事在讲述和流动中会变得越来越丰厚,越来越有力量。用赫琛的话说,没有想到咨询会带给他这么多。

"咨询结束,假设你可以带一些东西离开,能够支持你去面对未来生活中的困难,你觉得可以带走的是什么呢?它会给你带来怎样的影响?"

"我觉得是心理能量。心理能量从弱变强,我会更有底气和信心去面对接下来的一切。以前遇到事情就如临大敌,但现在是淡定自若,好像也没有什么。我就像一座城堡,之前的这座城堡并不是很坚硬,炮弹过来就会被打倒、被打碎,但是现在这座城堡已经变得很坚硬,炮弹打上去可能会有坑,但不是洞,只是有痕迹而已。"

我心里想,赫琛好有想象力,这个比喻也好形象。面对炮弹,他这座城堡从不那么坚硬到坚硬,从轻易被打倒、被打碎到只是留下痕迹,似乎可以更形象地理解发生在他身上的变化。

"心理能量从弱变强,城堡越来越坚硬,从人际关系、情绪等各个方面寻求探索,此时此刻当你去回望这样一个从开始到现在发生如此大变化的自己时,你对咨询前那个赫琛最大的感谢是什么?"

"我想谢谢他当时勇敢地选择来咨询,可以真实而坦诚地面对自己，还有对变化的强烈渴望，谢谢他对这段时光的珍惜吧！这一路走来很不容易。"

陪你看见自己

赫琛的变化体现在人际关系、情绪表达等，他用三个阶段分别来形容变化前中后的自己。故事在他的讲述和流动中变得越来越丰厚，也带给他越来越多的力量。在我好奇他的改变时，也看到更多在咨询中没有机会看到的他。

偶然间了解到，赫琛在每次咨询结束后都会对当时的咨询进行总结，并且记录在他的手机备忘录中。下一次到咨询室后，他会先来回顾这一周学习和生活的情况，看是否有改变和调整，然后再结合上次咨询的内容和这一周的情况来决定我们讨论的议题和进展。就这样，他在咨询、实践的循环往复中觉察、感受、反思和总结，这是他独有的特点和能力。

赫琛最可贵的是他不光有强烈的想要改变的愿望，他还有超强的反思力、感受力和总结能力，最重要的是他把这些成果实实在在地付诸行动。也正是因为这样，我们的咨询进展很顺畅，速度相比预期要更快些。

很有幸可以收到赫琛的反馈。他说，这一年，我是对他帮助最大的一个人，在他难过、伤心、沮丧的时候给予他安慰，让他重拾信心和勇气去面对生活中的各种不称心、不如意。每次走进咨询室的时候，还没有开始咨询，他都感觉好多了，没有那么不舒服。咨询结束后，他学到了很多，心态有很大的变化，明白了许多从前难以接受的事情，对生活上所遇到的冲突有了一些新的思路和解决办法，让他豁然开朗。

我很感谢赫琛的反馈，还有他的祝福，这是对我最好的鼓励和认可。我们彼此在一次又一次地陪伴、见证和反馈中前行，一点一点地经历和成长。

很想跟赫琛说，"每个人的每一个生命阶段都是珍贵的，是不容易的。能在这么短时间内发生如此大的变化，拥有可以面对困难的能力和心理能量，不是偶然，更不是理所当然。这一切都源于你的用心，你的努力，你的行动。你说，现在的你已经不再是原来的你。我相信，未来的你一定会成为更好的你。就用属于你自己的节奏大胆地往前走吧！"

和你的关系就是不一样

> 我只要和别人说话就会害怕，尤其和父母对话的时候会更强烈，但是和你对话就不会，就不怕。

一进咨询室，柳青便兴奋地跟我说，他知道害怕和别人交流的原因了，然后迫不及待地跟我分享他的想法。

当柳青很认真地做一件事情时，如果别人说做这件事没有用，就会让柳青很难受，好像他的努力不被尊重，甚至被否定了。比如他对待学习非常认真，可是有学生说这样学习有什么用呢？他就会很不舒服。也就是当柳青很认真地去做自己认可的事情时，对方给的反馈却是否定的、不认可的、不认同的（这些感觉都有），这会让他觉得他的努力是没有用的。同样，如果当他真诚地表达观点时，也会害怕被否定、被不认可。所以，柳青害怕的是被否定的回应。

"当你在做自己认同的事情时，你期望得到的反馈或回应是什么样的呢？"我相信情绪不只是情绪，情绪的背后还有愿望。

"最起码是不被否定,如果再上一个台阶的话,我想要的是肯定。换句话说,我不期待他给我肯定,但我不想要否定,不否定就行。"

柳青的思路很清晰,我也更明白那个害怕背后的心愿是不被否定,或者说是被肯定。

"害怕一般会在什么时候出现?"

"我只要和别人说话就会害怕,尤其和父母对话的时候会更强烈,但是和你对话就不会,就不怕。"我既意外又好奇,甚至不相信自己的耳朵,不相信听到的内容。

"意思是和我对话的时候不会害怕,除了我之外包括父母在内的所有人都会出现害怕的感觉,是这样吗?"我跟柳青确认听到的信息。

"是,这是我最近特别明显的感觉。"柳青说。

"我很好奇,跟我对话和与别人对话有什么不一样呢?"

柳青低着头,沉默了好一会儿说:"我不确定,我说不好,但是我知道在咨询的过程中从来没有刚才提到的那些不好的体验,不用担心说错话,不用担心被评判,不用担心被否定。没有担心,也不害怕,更能放得开,这是在此之前从来没有过的感觉。和你的关系确实不一样,就像是完全理想的关系。"

"你期待中的理想关系是什么样的?"

"在过去的关系中我没有过任何好的体验,除了现在和你的关系。如果说理想关系的话,应该就是这样吧,什么都

关系篇

不用担心，也不用害怕，可以轻松地表达，可以放松地做自己。"

原来是这样，柳青对于理想关系的界定也让我对他对于关系的期待有了更清晰的认识，我相信他也一样更清楚了自己想要的是什么样的关系。

"那我们之间的这段关系对于未来你与他人建立理想的关系会带来怎样的影响？"

"我以前在处理和别人的关系方面非常悲观，甚至一度认为也就这样了，不可能有改善。可是现在当看到我可以建立一段好的关系，建立心目中理想的关系时，我不会那么在意和其他人的关系，即使眼下和他们的关系不那么理想，好像带给我的困扰也不再像之前那样严重。更重要的是我不再那么悲观，会更有信心去面对其他的关系，会觉得自己是可以的。未来也会主动去跟别人相处，不会有那么多的担心和害怕，更相信我自己。"

陪你看见自己

特别珍惜柳青的信任和分享，有感动，有欣慰，还有感谢。

能让柳青有不一样的感受，我不知道这是否与我的专业和职业有关，是否与我想要践行以"尊重、谦卑、好奇"的心态来面对学生的叙事理念有关。我不确定，因为答案在柳青那里。

　　我可以确定的是柳青有自己的看重，对于自己的努力希望可以得到尊重、肯定和认可的回应；可以确定的是他在这段关系中没有不好的体验，没有担心，没有害怕，更能放得开，可以做自己；可以确定的是这段关系让他在未来更有信心去积极主动建立自己理想的关系。

　　一段好的关系是一个生命对另一个生命的陪伴，是一个灵魂对另一个灵魂的靠近。一段好的关系对一个人产生的积极影响是无穷的，这个人可以是父母、是亲人、是朋友、是老师、是同学，甚至是陌生人。

　　在这段理想的关系中，贡献是双向的，这段关系不光给予柳青力量，也同样让我更有信心去陪伴学生。

　　谢谢柳青。

学 习 篇

我的伙伴霸王龙

> 霸王龙会在我学习的时候出现在我面前，它会从不远不近的距离一直走向我，不断靠近我，然后逐渐变大、变大，直到我们之间没有距离，它就站在我的面前。在我面前的它有三四米高，甚至更高，它在咆哮，它很厉害，我好害怕它。

泰言正在准备考研，可是头晕让他无法正常复习，影响学习。他再次来到咨询室，说刚刚过去的一周还可以。一方面，这一周安排的学习任务不那么多，学习时间不算长，过得比较轻松。另一方面，心里没有太多想法，专注于学习的时候问题就不大。该学习的时候学习，该玩的时候玩，像这样不强迫自己赶学习进度的时候会好一些。上周的咨询让他有机会把藏了很久的心事表达出来，也让他放松了很多。

泰言回顾，最早出现学习时头晕是在高三。他就读的高中管理非常严格，学校严格的管理体现在方方面面，让学生在行动和心理上都非常紧张。

● 看见闪闪发光的他们

学习方面，不光老师的讲课进度快，每一个时间段要学习的科目和内容都会被老师提前安排好，上课、自习、预习、作业把每天的时间塞得满满的。泰言的理科成绩不太好，他想用课余时间来补习，可是完全找不到可以利用的时间。学校对于学习习惯也有要求，严禁迟到早退，上课时桌面不能放多余的书本，不能东张西望，不能有小动作，只能端端正正地听课。生活方面，吃饭时间非常短，每天五点半起床，不能早起也不能迟到，否则就会被罚去操场跑圈。

泰言觉得严格的管理让他的身心时刻处于紧张状态是头晕出现的原因之一。与此同时，他认为事事被安排的中学生活，让刚上大学的他自主做事的能力比同学们弱太多。因为，他总是在等着老师来组织和安排大家做事，后来才意识到大学和高中并不一样，他也因此错过了很多锻炼的机会。

和高中相比，作为大学生的泰言已经轻松很多，他有时间和自由来安排自己的学习和生活，头晕的情况比高中也有明显缓解。可是现在面对考研复习，时不时出现的头晕仍然让他很困扰。

和泰言商量后，我尝试通过外化和他一起来看一看"头晕"。

"如果请你在这个架子上所有的沙具中选择其中一件来代表'头晕'，你愿意选择哪一个？"我边说边指着泰言身后的沙具架问他。

泰言起身走到沙具架前，他上下打量后，很快便选好了。

他选择了一只棕色的恐龙，然后拿着它重新坐下来。

"一只恐龙？"我问。

"是霸王龙。"他加重语气强调道，顺手把它放在我们面前的桌子上。

"如果请你给这只霸王龙起个名字，你会叫它什么？"

泰言说："就叫霸王龙吧。"

我当然要尊重泰言的决定。

"好，霸王龙，现在这只霸王龙代表'头晕'，你觉得在你的生活中，它通常在什么位置？"当我这样问的时候，明显感觉到泰言有些为难，不知道该怎样来回答，我想他一定是对这样的问话还不太适应，所以决定换一种问法。

"你觉得在你的生活中这只霸王龙离你比较远还是比较近呢？"

"不远，但是也不近。"

"你能看到它吗？"

"能看到，它在我的正面，面对着我。"

"你看到的霸王龙是什么样子？"

"有时候它会很想靠近我，很想要缩短和我的距离，当它靠近我的时候我控制不了它。"泰言的描述让我充满好奇。

"怎么理解它想要靠近你？"

"它会从不远不近的距离一直走向我，直到我们之间没有距离，它就站在我的面前，它在咆哮，它很厉害，我好害怕它。"

泰言形象的描述让我的眼前竟然出现了一个生动的画面，一只霸王龙正在一边走近他一边朝他咆哮。

"它一般会在什么时候想要靠近你？"

"在我学习的时候会出现，然后不断接近我，它会逐渐变大、变大，它在我面前的时候有三四米高，甚至更高，就像真实的霸王龙一样那么高大。"

直到此刻，我才更理解，当"头晕"这只霸王龙出现的时候，对于泰言来说可不只是眼前的这个小小的霸王龙沙具，他面对的是三四米高的庞然大物。

"它一直都是这样大吗？还是会发生变化？"我想知道霸王龙有没有不一样的时候。

"它离我很近的时候会非常大，离我不远也不近的时候就会比较小，但是也有体积，和这只霸王龙也不一样。"泰言指了指身旁桌上的霸王龙沙具。

他接着说："不过那个时候如果我在专心学习，就不会注意到它。可是只要我一想到学习目标或者考研目标的时候它就会出现，或者是想到那些我用来激励自己的话，或者是想到对未来不太现实的期望时，它都会出现，并且当它出现的时候会同时变大，变得离我很近。"

"可以这样理解吗？当你专心学习的时候不会注意到霸王龙；当你在学习的时候想特定的事情时霸王龙才会出现，并且离你越来越近，变得越来越大？"

"没错,就是这样。每当这个时候我的记忆力就会变得不好,学不进去,单词也记不住。"泰言既紧张又无力。毫无疑问,这只霸王龙带给他不小的影响。

"当霸王龙出现的时候,你会做什么?怎么来面对它?"

听我这样问,泰言迟疑了一下。"我会像高三的时候那样,比如正在背单词的时候它出现,我会告诉自己:我背我的,你晕你的,但是这个时候总是会记不住单词。"

"'我背我的,你晕你的'是一种什么样的状态?"

"好像是硬扛吧。"他笑笑说。

"高三的时候就是这样子,都已经适应了。那时候我能做的只能是硬着头皮使劲儿学,我没有别的办法,虽然在班里和年级的排名一直在往下掉,但是成绩本身还是有提高的,只是看到其他同学也在进步,我更不能停下来。可那个时候会很担心、害怕,担心会变成我中学同学的样子。"

"同学在初中就给自己定了特别高的目标。要求自己考年级第一,考重点高中,再考重点大学。其实,当时他已经是我们班第一名了,但是他仍然特别努力,时时刻刻都在努力,我现在都能记得那时候他听课时的眼神,当然他进步也特别大,升初三时考了全校第八名。即便这样,他仍然不满意,压力特别大。直到后来他再也不敢在学校待着,只要一去学校就难受、恶心,后来实在没有办法只能休学回家。他休学三四个月后再回到学校时,我发现他变了,虽然他的成绩已经下降到年级四百名左右,可是他的心态变了很多,他不再在乎学习成绩和排名。我当时就想，如果我像同学这样回家休息三四个月，那我的学习可怎么办？所以当时还是很担心。后来出现记忆力衰退后觉得自己很笨，什么都记不清楚，知道这样不行，会耽误成绩，可是越想学越学不进去，这种状态让我心里非常难受。"

听泰言这样讲，我心里很不是滋味。看着坐在我对面的泰言，心里想如果不是因为他选择来咨询，我根本没有机会听到他讲这些经历，谁又能想到他曾走过这么黑暗和艰难的道路，并且此刻仍困在其中？

"在这充满担心、害怕、难受的情况下，你是怎样走过来的？"我相信，泰言不是单纯的受难者，他一定是用了各式各样的方法才走到现在。

"我确实也在想办法，除了越晕越学。还有，只要它一出现我就开始做试卷，把试卷里所有会做的题全都做完，使劲儿写字，把卷子写得满满的，然后对照答案，并用红笔打对号。看着满试卷红色的对号，难受瞬间就会好很多，头晕也会有所缓解。但是我也很清楚这是在自欺欺人，因为我这种方式是在重复已经掌握的内容，不会的知识还是不会。"

越晕越学、使劲儿写字、做试卷、画满红色的对号……我在脑海中一遍一遍重复泰言面对霸王龙时所用到的办法。

"虽然很难，但你还是在坚持，也想到了可以有所缓解的办法。"听我这么说，泰言有些不好意思，或许从来没有人跟他这样讲过。

学习篇

"不过大学就会好很多,因为在大学可以做各种各样的事情,参加很多活动,但是在高中只能学习。对我来说,学那些相对轻松的科目不会有任何问题,可是如果学我不擅长的科目,比如上高数课、学高数的时候,霸王龙就会出现。"听泰言说现在比高中已经好很多,我也跟着放松一些。

"拿高数课来说,是只要一上课它就会出现吗?"我问泰言。

"也不是,如果我是在认真听课,那它就在不远不近的位置。但是当我一想到要在专业排名靠前的这个目标,或者督促自己要好好学,提醒自己不能挂科的时候,霸王龙就会来,而且会离我越来越近。"

"好像霸王龙的出现有两种情况,一种是在考研复习时想到考研目标和一些不符合现实期待的时候;第二种情况是在学习比较难的科目时,一想到课程不能挂科,激励自己要好好学习、有一个好的排名的时候。是这样吗?"

"确实是这样,无论是面对考研还是高数课,好像都是想目标的时候会出现,如学习目标或者考研目标。"通过梳理,泰言对霸王龙出现的情况更清晰了一些。

"你觉得霸王龙在这两种情况下出现,它是来干什么的?"

听我这样问,泰言有些意外。他想了想,有点不确定地说:"难道是来给我动力的?如果我不想着目标,不去激励自己,我的行动力就会很差。如果想着目标,我就能进入学习的状态,能够投入学习。可是,一想到目标霸王龙就会出现,又会影响我的学习,甚至会让我放弃行动。目标和霸王龙是捆绑在一起的,既会让我有行动力,又会影响到我的行动,严重的时候甚至让我不得不放弃行动,这种反反复复的放弃会影响我的自信心。所以,我觉得它带给我的缺点大于优点,我不想要它。"

泰言像是在自言自语,虽然听起来有些混乱,但有一点是确定的,霸王龙带给泰言消极的一面,但也有积极的一面。

泰言停在这里,先是沉默,然后又接着说:"可是就算我不需要它,它也一样不会离开,因为它离不开。"

"你怎样理解它离不开?"我好奇地问。

"可能是和我的性格有关系吧。因为我总想激励自己上进、努力,我做不到不去想这些,做不到不去激励自己。但是我一想到这些,我一激励自己,它就会出现。如果让它离开的话我就会摆烂,没有任何主动性,什么也不想做,好像这样也不行,这不是我想要的。这样看来,还是和它保持一个距离,我希望我可以控制我和它之间的距离,比如说它正朝我走过来的时候,我说停它就能停在那儿。"泰言对霸王龙的认识在不断发生变化。

"让霸王龙离开不行,但可以跟它保持一个距离,并且你可以控制这个距离。当认识到这一点时,有什么新的想法吗?"

"之前我认为我并不需要它,其实我来咨询最主要的目标就是想要让它远离我,我可以完全抛弃它,因为是它影响了我,也是它让我处于现在这样难受的状态。但是现在我发现其实我也需要它,完全抛弃是不行的,我对它的态度和想法发生了变化。"从想要抛弃霸王龙到需要它,这无疑是一个质的变化。

"假设现在霸王龙就在你的面前,此时此刻的它听到了我们刚才的对话,也听到是它影响了你的状态,听到你来咨询的目标就是想要远离它,想要抛弃它。可是现在发现这样是不行的,你需要它,只是想要跟它保持一定的距离,你觉得当它听到这些后,它会怎么想?"

泰言想了想说:"它也想跟我保持一定的距离。"

"不好意思,我不是太理解这一点,可以多说一说吗?"这一点,我确实不理解,也充满好奇。

"它会想,它都这么影响我了我还不抛弃它,那它应该会少影响我一点吧。因为如果它影响我太多我会受不了,如果受不了我就会放弃做这些事情,那它就会彻底消失了。"

听泰言说完,我竟然觉得这些话像是站在它面前的霸王龙在诉说着它的想法一样,我恍然大悟。确实,如果泰言放弃做事情,霸王龙也就不会出现。

"假设它真的这么想,如果霸王龙此时来回应你,你觉得它会说什么?"

"它会说，你放心，以后我只在关键的时候出现。"

"你怎样理解它的这句话？"

"比如当我在学习时不想学了，想要摆烂的时候，如果它完全不出现，我就没有动力，总想玩一会儿，或者看看手机。可是如果在这个时候它能出现，它就会提醒我去继续努力，专注地学习。"泰言的举例让我更清晰他的理解。

"好像你和霸王龙之间已经达成了一种默契，至少在出现的时机这一点上达成了一致。"我把我的感受表达出来。

"对，以前当它出现的时候，我会担心、害怕，害怕它的出现影响我的状态，影响我做事情的结果。但是现在当我对它有了不一样的认识以后，我们彼此就好像是知根知底的感觉。即使它再出现，我也不会有像之前那样的恐惧和不知所措。所以，当它出现的时候，我会觉得一切都在可控的范围内，并没有那么严重。它在关键的时候出现其实对我也是一种帮助，而我也会改变对它的认识，我的学习一定会变得不一样。这样说来，它更像是我的伙伴，我应该要感谢它才对。"

"也就是说，以前你只看到霸王龙带给你不好的影响，那时候的你只想让它消失。可是现在当看到霸王龙的出现对你来说也有帮助，它会及时提醒你投入学习。霸王龙和你更像是伙伴关系，而不是敌对关系。"此时，我好像看到了泰言和霸王龙和谐相处的画面。

"确实是这样。"泰言肯定地说。

对话结束，泰言问我可以给霸王龙拍照留作纪念吗？我说当然可以。

当泰言拿起手机拍照的时候，他看着霸王龙说："这样正面看它确实挺凶的，侧面看起来就好多了。"他一边说一边调整霸王龙的位置、方向和拍照的角度。

拍照结束，泰言把霸王龙放回到沙具架原来的位置。准备离开的泰言转身对我说："老师，其实霸王龙是食肉恐龙里凶猛的霸主，它是很厉害的，我也希望自己未来能够成为一个厉害的人，能够做厉害的事情。"

陪你看见自己

头晕是泰言眼下正在面对的问题，被头晕困扰的他无力、难受、无法好好学习，也不容易找到解决的办法。

当把头晕外化，请泰言为其命名为霸王龙，其实是赋予问题有了自己的生命，这样就有机会把人和问题区分开，泰言也可以站在一个独立的、有力量的位置来看霸王龙。

他看到霸王龙的位置、大小、出现的时机，看到霸王龙的存在带给他的影响。也看到面对这只凶猛的庞然大物，他并没有放弃和退缩，而是在尝试寻找各种办法来应对，从他独自度过最艰难的高三生活足以证明这一点。

当他对霸王龙有了新的认识后，看到霸王龙对他积极的提醒作用，他们之间的关系也随之发生了变化。他从想要完全抛弃霸王龙，到发现他其实需要霸王龙，他们之间只是需要在不同的时刻保持适当的距离。他不再那么恐惧和无措,这只他原本害怕的、在他面前咆哮的霸王龙,最终成为可以和他一起面对学习和生活困难的、不可分开的好伙伴。

虽然还没有机会去深入探讨泰言认为的"厉害"究竟是怎样的,但我猜他选择这只厉害的霸王龙在某种程度上也代表了他对自己的期望吧。

其实,想跟泰言说,"没有被困难打倒,反而在困难中积极想办法的你本身就很厉害。现在有了霸王龙这个好伙伴,相信它一定会助你一臂之力,帮助你成为你想成为的人,做你想做的事。"

或许我们每个人都有一个这样的伙伴,只是你还没有看到他的存在和对自己的意义。幸运的是泰言看到了,恭喜他!

做题恐惧的提醒

> 以前我会把恐惧当成是不好的，当它出现的时候，我会觉得像是被它包围了一样，和它在那儿纠缠，想要赶走它，但其实我知道我根本没有办法赶它走。可是现在我可以认为它是在让我往前走，而不是我让它走。

还有不到两个月就是研究生入学考试的时间，正在备考的安正目前面临的最大困扰是做题恐惧。无论是数学还是专业课，只要面对计算题就会出现恐惧感，害怕因为计算出错而做错题。每当这个时候安正就会很慌，"慌"让他无法集中注意力，没有办法继续做题。

"如果没有做题恐惧，你的理想状态是怎样的？"

"做题又快又准。"安正不假思索地说。

"可是现在很不好，我不断提醒自己：允许自己不是万能的，我一定会算错题，尽力做就可以。即便这样，但总觉得还不够，还是做不到。"安正很无助地回答。

"之前出现过类似的情况吗？"

"高考的时候有过，但那时候没有现在严重，也没怎么影响学习。准备研究生考试的这段时间里，有过一段时间做题又快又准，也不怕算错，因为错了也影响不大，无所谓，但是现在就会觉得影响很大。"毫无疑问，在这里我听到了例外情况，就像发现了重要线索一样，不能轻易放过。

"同样是在考研备考，同样是在做计算题，不同的时间怎么会有这样的差异呢？"我问。

"因为之前做题是当做练习题来做，而现在只有不到两个月的时间就要考试，现在做题是按真题来做，做练习题和真题是不一样的。练习题如果做错了，那就去总结经验教训，可是真题如果出错就会影响考试分数和考试结果，错题多了也就意味着很可能考不上。"就在这时，安正停下来，若有所思的样子，然后继续说道，"如果是这样，其实可以把考试前所有的做题都当做练习题来做，因为只有最后一次考试才算是真正意义的真题。"关于练习题和真题听起来确实如此。

"哪怕是面对眼下只有不到两个月就要考试而做的题？"

"是。这样就会有助于总结经验，认识到我的能力范围，尽力而为，尽力就行。做对了更好，错了就当成是经验。"

我以为到这里就可以了，没想到接下来的转折才是安正真正关心的内容。

他说："可是，我有一个疑问，我不知道究竟什么才是我的能力范围，我可控的范围到底在哪里。当我做题的时候，我觉得我的能力范围和我的情绪有关系。当我情绪好的时候能力就比较强，能力范围好像会相应高一些，对自己更有信心。相反，当我情绪不好的时候，就会认为我能力不行，那个能力范围也在缩小。因为意识到这一点，所以我总是想要控制我的情绪，希望那个能力范围一直是可控的。可事实上每次都失败，根本无法实现。所以，我不知道我的能力范围究竟是怎样的。是高还是低？我究竟能不能行？"安正提出关于能力范围不确定不可控的困扰。

"也就是说，你认识到自己有能力范围，尽力而为可以有效面对做题的困扰，可是那个能力范围会受到情绪的影响，你又无法控制情绪，情绪的不可控造成能力范围的不确定，这样理解对吗？"

"确实是这样，主要还是情绪的问题。我总是希望可以控制情绪，但事实上却无法做到，这让我很难受。主要是那些不好的情绪，负面情绪。做题的时候是恐惧，害怕计算出错，总觉得完了，这种状态会影响考试。"安正一边说一边像是在用心地感受自己。

"负面情绪也有它的积极意义，比如焦虑会提醒我们更专注地面对即将到来的危险或对个人来说重要的事情；恐惧让我们更加谨慎和警觉，从而避免危险的事情发生。"

还没等我说完，安正便着急地说道："那我知道了，我可以换一种认知方式。"他好像一下子明白了似的。

"怎么换呢？"我问。

"当恐惧出现的时候,我把它当成是提醒,提醒自己不要算错,仅仅是一种提醒而没有别的想法。之前做题恐惧出现的时候,我会很自责,会无力,责备自己都这个时候了还做不对,可越是这样会越慌,更没有办法继续下去。同样是出现做题恐惧,原来伴随着恐惧会自责和无力,现在只是把它当做一种提醒。"听完安正的解释,我才明白,同样是恐惧,但却真的不一样。

"恐惧在提醒你好好算,这样的提醒对你有什么影响呢?"

"它在提醒我好好计算,用心算,会让我往好的方向走。以前我会把恐惧当成是不好的,当它出现的时候,我会觉得像是被它包围了一样,和它在那儿纠缠,想要赶走它,但其实我知道我根本没有办法赶它走。可是现在我可以认为它是在让我往前走,而不是我让它走。"

"也就是说,当我总想去控制它的时候,我是无法做到的。因为面对生活中的各种未知,恐惧随时都可能会出现。当我不能控制它的时候,我就会产生无力和自暴自弃,甚至会出现摆烂,而这不是我想要的,对我来说是非常糟糕的。如果我换一种认识,恐惧随时会出现,当它出现的时候它不会离开,我也无法让它离开,它的出现其实是在提醒我,它想让我继续往前走,而不是停下来自暴自弃。就拿现在做题来说,我在做计算题的时候,当恐惧出现,其实它是在提醒我,提醒我要更注意一些,要好好算,要更用心算,这样出错的可能性就会变小。"

感叹安正会有这样的觉察，不光看到恐惧无法被控制、无法被赶走，还看到恐惧带给他的积极影响。

"如果用心计算后仍然出错呢？"不甘心停在这里，想继续往前走一步。

"即使错了也是在积累经验。好像它在提醒我要注意一些，让我主动去离开它，而不是我让它离开。只要我认真地、用心地去计算，我就会远离它。"安正再一次重复这一点。

"所以，做计算题的时候恐惧仍然会出现，当它出现的时候你要做的是更用心地去计算，继续完成做题，是这样吗？"

"是的，没错，就是这样。"安正有些兴奋。

"对做题恐惧有了新的认识后，有没有带给你一些新的感受？"

"感觉没有那么恐惧了。我控制不了它，它也不是来控制我的，它只是在提醒我。"

"那重新来看那个能力范围呢？"

"这么看的话，能力范围就摆在那儿。它会变化，但是如果我一直在好好复习，随着我做题能力的提升，它只会提高，不会降低，摇摆不定其实只是心态的问题。"

陪你看见自己

做题恐惧让安正因为害怕做错题而无法继续完成,当他看到自己在同样考研复习阶段没有做题恐惧存在的例外情况时,他很快便找到了调整的方向,那就是把真正考试前的所有习题都当做练习题,而不是真题,哪怕只有不到两个月时间就要考试。

当他觉察到他所看重的能力范围和自己的情绪密切相关时,意识到想要控制情绪的愿望和无法实现的现实时,看到负面情绪的积极意义成为他化解困扰的突破口。面对做题恐惧,从一开始把恐惧看成是不好的、想要赶走它,到看到恐惧对他的提醒和积极影响,看到恐惧无法被消除,他不再否定和排斥恐惧,而是允许和接纳恐惧。他能做的就是在恐惧纯粹的提醒下更用心地计算和做题,从而远离恐惧。同时找到问题的答案,其实能力范围就在那里,摇摆不定只是心态的问题。

面对做题恐惧的影响,除了来咨询求助,安正在咨询外依然积极思考,希望可以找到应对的方法,在困难面前主动思考、觉察和反思让他对恐惧多一些认识,对自己多一些理解,他主动求解求变的愿望和行动值得被看见。

拒绝录用信之后

> 拿到录用信对我来说真的很重要,虽然没有选择去实验室,但它确实是对我的认可。我不想改变,也不想放弃,我相信自己的才能一定会有机会施展出来。

骁雨来咨询前曾就诊于医院的心理科,医生的诊断结果是没有任何心理疾病,建议他进行心理咨询。所以,他预约了咨询,理由是学习问题引起的焦虑。

骁雨的高考成绩非常好,他被一所不错的大学录取并选择了学校数一数二的专业。虽然专业非常好,可是一直到大三年级,他对专业依然提不起一点兴趣,甚至在大一和大二年级还沉迷于网络游戏。骁雨读大四时,学校开设了一门关于计算机的课程,他发现学习这门课特别好,简单又轻松。他一改往日上课散漫的状态,期末考试也取得了非常不错的成绩。从那时候起,骁雨开始购买该课程的相关书籍,在网络上寻找学习资源,坚持听课、自学,一年后已经有了一定的专业基础。毕业设计选题时,他坚定地选择了与这门计算机课程相关的方向。让他意外的是他的毕业设计竟然被评为学校优秀毕业设计，而这项荣誉的评选比例仅有 2%，且毕业设计的成绩还要达到 90 分以上。骁雨很开心地跟我分享他的这一段特别的学习历程。

研究生复试时他依然坚持选择这一方向，关于研究方向的陈述也得到导师们的一致认可。骁雨并不想只通过完成一篇毕业论文来结束他的研究生生涯，而是希望自己的专业能力和学术水平可以真正得到提升。可是后来他发现，虽然导师非常看好他，同样看好他选择的方向，并且通过各种途径帮他寻找专业学习资源，可是他没有可以交流与合作的同学，他觉得他的生活中只有他自己，总觉得缺点什么。这样的现状让他意识到想象中的研究生生活和现实的生活并不一样，研究方向的坚持也在这样的情况下发生摇摆，他不确定完全按照自己的兴趣来选择方向是不是可以，骁雨开始怀疑他的选择。当他的目标开始摇摆，不知道下一步该做什么的时候，或者是目标很远又无法实现的时候，就会更迷茫。

还有一年就要毕业，骁雨不知道还要不要继续坚持，该怎样继续。也不知道能不能顺利毕业，能否找到理想的岗位。迷茫中的骁雨开始试着在网上寻找一些和方向相关的招聘信息，并尝试投递简历。大概两周前，骁雨通过网络给上海某实验室投递了简历，没想到电话面试结束后，他竟然收到了实验室发来的录用信。可是当他拿到录用信后又开始犹豫和纠结，因为距离远，担心目前的学业会受到影响，不能正常毕业。所以，他虽然知道这是一个非常好的机会，但再三纠结后还是选择了放弃。

听完骁雨的讲述，觉得他好厉害，可以敏锐地觉察到他对课程的喜欢。不光如此，他并没有只是停留在喜欢层面，而是以这门课程作为开始，坚定地选择课程相对应的专业方向，不停地自学，不停地往前走。可是随着毕业临近，他开始出现对方向的不确定，出现迷茫感，尤其是在收到录用信后的焦虑和纠结，让他走进医院、走进咨询室。而我们的对话也从我的好奇开始，既然这么喜欢这个方向，又投入了所有的时间和精力来学习，好不容易拿到录用信，为什么会选择放弃呢？

"我投递简历后大概有一周的时间，实验室通知面试，电话面试三天后就同意给我录用信。"骁雨轻松而自信地说。

"那一定是你面试的表现非常好。"我说。

"还行，但也不是太理想。当时面试提了十多个问题，我觉得有两三个问题回答得不是太理想，其他的都还可以，大部分问题我平常都接触过。面试后觉得应该是没戏了，因为他们的要求非常高，而我的表现也不是那么好，可我却收到了录用信。"看得出来骁雨对自己的要求并不低。

"那是因为你的英语好吗？"考虑到骁雨曾提到实验室对英语的要求很高，我猜测。

"恰恰相反。"他摇摇头。

"如果不是英语好，那你身上有什么是他们所看重的呢？"我不想轻易放弃对骁雨闪光点的找寻。

"应该是因为我对这个方向学习的深度和广度都还可以，因为我靠兴趣在网上学习了大量相关的课程，所以知识面要更广一些。"

"所以，这份录用信也是对你这些年努力和坚持的认可。"

"确实是这样。其实，如果抛开那些顾虑，我特别想去。但是后来又一想，觉得放弃也没关系，毕竟这份录用信也是对我能力的认可。即使现在不去，以后也还有机会。"骁雨是自信的，这份自信源于他自身过硬的专业能力。

"我对这个专业方向不太了解，想问一下这个实验室在你们的专业和行业中属于什么层次或者什么级别呢？"

"可以说是专业和行业内顶级的实验室。"骁雨很确定地说。

"那么可不可以理解为这份录用信不光是对你这些年坚持和努力的认可，是对你能力的认可，也是对你专业方向选择的认可？"我问道。

骁雨若有所思的样子。他说："我没有这样想过，但肯定是的。之所以给这个实验室投简历，也是我经过调研和筛选之后的选择，实验室的研究内容和方向都是领域内非常前沿的。"

"能够拿到研究方向和研究内容非常前沿的顶级实验室的录用信，如果从这一点来看你对于选择研究方向的怀疑和不确定，你怎么看？"我想请骁雨重新来看他对方向的迷茫。

"拿到录用信对我来说真的很重要，虽然没有选择去实验室，但是它确实是对我的认可。我不想改变，也不想放弃，我相信自己的才能一定会有机会施展出来。"

骁雨能够找到兴趣点，并在坚持自学后确定为专业方向，无论是本科毕业设计还是研究生的学习方向，他勇敢地选择自己感兴趣的方向。不仅如此，最可贵的是哪怕在没有同学一起交流与合作的情况下他仍然坚持刻苦学习，这是他最了不起的地方。

发自内心地把这份感动和看见表达给学生，没想到听到我的反馈后，这个大男孩儿竟然眼圈泛红，流下了眼泪。他随手从桌上的纸巾盒里抽出纸巾，默默地擦着眼泪，很快又恢复到原来的样子。这是让我非常感动的瞬间，好像在那一刻我看到了骁雨独自学习、独自奋斗的场景。他孤单一人，对自己的选择不那么有信心，加上对来自上海这份录用信的犹豫，还有对接下来发展方向选择的不确定，所有这些夹杂在一起带给他焦虑和压力。

"我不会放弃，会继续坚持下去。"恢复平静后的骁雨再一次坚定地说。

"这样困难的情况下，有的人很可能会选择放弃，重新再换一个方向，换一个身边更多人选择的方向，可是你却选择继续，是什么让你做出这样的决定呢？"这是我此刻的好奇和疑问。

"大二的时候我不爱学习，还打游戏。但是认识女朋友以后，觉得女朋友一定不会喜欢打游戏的我，所以努力地去改变，尝试卸载游戏，去图书馆学习，并且确定考研的目标。我很少为自己做什么事情，更多的是为别人去做事，把别人放在更重要的位置上，甚至也为此改掉了很多坏习惯。刚上大学的时候，我在班里排名第二，后来因为不喜欢专业沉迷游戏后变成倒数，可是认识女朋友以后，这些改变让我一直往上爬，当时的学习方法和学习习惯也一直延续到现在。现在做事情依然不只是考虑自己，而是考虑两个人，考虑对方，我希望能够为了女朋友让自己变得更好。"

看到骁雨为了女朋友而让自己变得更好的心愿，看到他为了这个心愿同时付出的种种努力。每个人都有自己的看重，想要为了女朋友好、为了别人好或许就是骁雨的看重，不管为了谁，能让自己变得越来越好就是了不起的。

"所以，为了女朋友想要让自己变得更好，是你选择不放弃的原因？"我试着问。

"这是一个重要的方面。还有，通过刚才的梳理，其实我心里已经有了答案，我喜欢这个方向，这份录用信也回答了我要不要继续的疑问。"关于是否坚持方向骁雨已经有了答案，并且非常坚定。

"你说当没有目标的时候就会迷茫，现在不放弃方向这个答案已经很明确，如果回到接下来的学习和生活中，你有怎样的目标和打算呢？"

"再过两个月有一个工程师证的考试，下半年还有另外一个认证考试，这两个考试都和专业方向有关系，也是我想要完成的。毕业论文应该不会用太长时间，因为我有把握，肯定没问题。我想把更多的时间放在学习上。"

"具体学什么呢？"

"过去两年我都是靠报培训班来学习专业知识，但是现在回看的时候发现很多都已经生疏了，所以接下来的学习首先就是去回顾过去学习的内容，然后继续学习新的内容。之前在报培训班的时候也有一些专业渠道会给我推送课程，过去我可能没有太在意，但是现在想再去跟对方沟通一下这些课程，看看课程的具体内容，看哪些是我需要进行更专业的学习。除了参加培训班，导师还给我介绍了一项比赛，有团体项目也有个人项目，我还是要尝试去参加一些专业的组织和团队，因为未来还是要加入团队去工作的，也可以通过比赛看看能不能找到志同道合的人。"

骁雨的目标和方向已经非常明确和清晰，我相信这些一定是他很早就已经放在心里的计划，只是还没有机会这样清晰地表达出来。

"回顾过去学过的内容，报考工程师证，报培训班学习新的内容，参加比赛结识志同道合的伙伴，参加专业的组织和团队。所以，你对继续学习的内容已经有了专业的渠道和方向。"我一项一项重复骁雨的学习计划。

"算是吧。"他点点头。

"可以找到志同道合的伙伴，可以参加专业的组织和团队，这样的学习和一开始提到的一个人的学习有什么不同呢？"

"原来总觉得只有我一个人，没有人跟我在一起，不确定我的选择是不是可以。如果真的可以找到团队和志同道合的人，就不再是我一个人的学习，不会那么孤单，也不用再纠结没有人帮我，就好像眼界一下子打开了一样，心里也变得敞亮了。"此时的骁雨脸上有了笑容，和刚进来咨询室时的他截然不同。

"这么多的学习内容，打算怎样安排？"

"只要我心里有数，安排不是问题。最先要准备时间临近的工程师证考试，然后是复习，一边复习一边在网上查找关于比赛的信息，就这么一步一步走。"

"你觉得今天的咨询结束之后，你可以做点什么有助于你一步一步往前走呢？"

"我想把这些计划写下来，时刻提醒自己，剩下的就是去行动、去做了。"

写下计划，按照安排一步一步往前走，这是明确方向后的骁雨接下来要做的事情。

陪你看见自己

在前行的路上骁雨有孤单、有犹豫、有不确定,但是当他看到自己一路走来的不容易,看到这份录用信是对他选择的方向、专业能力和多年努力的认可时,他还是非常坚定地选择不放弃自己喜欢的方向,并下决心走下去。

骁雨从喜欢一门课开始,买书、购买课程、自学,毕业设计被学校评为优秀,复试得到导师的认可,拿到顶级实验室的录用信,接下来已经有一系列专业学习的计划和安排,这所有的一切都能看到他为了自己喜欢的方向在努力,为了让自己变得更好而努力。

此时此刻,当我邀请骁雨去回望那个一直在坚持、在努力、在行动、在为了别人让自己越来越好的他时,他对那个骁雨最大的感谢是什么?他红着眼圈说,他最想感谢的是骁雨的坚持。

的确,一路走来,他对方向选择的坚持,对学习行动的坚持,对想要变得更好的愿望的坚持,会让他成为有梦想、有能力、有信心在未来可以施展才能的自己。

刚刚走进咨询室的骁雨是严肃和沉重的,现在离开时的他坚定又自信。好像看到了他和志同道合的伙伴们在一起学习、讨论、参加比赛,甚至神采奕奕地在台上分享他在专业领域取得的成就,这个场景是那么美好!

此摆烂非彼摆烂

> 其实我很清楚,学习压力是我自己给自己的,给自己规定了那么多学习任务,并且需要在一定时间内完成,这样确实让自己压力很大。当然我也很清楚这是因为想要让自己变得更好,为了之后更舒适的生活,所以现在要去付出更多的努力,当然也会更苦。我能想明白,只是面对真实存在的压力,不知道该如何来缓解。

新的一次咨询开始,小满说过去觉得和他人的关系不好,没有朋友,现在和舍友的关系可以了,可是又出现了学习压力的问题,好像自己的问题在不断转移,在发生变化。

之前,一个星期只有一下午没有课,其他时间都是满满的课程。现在每天不用上课的时间变得多起来,可是因为要考研,所以学习任务还是很重。小满买了将近20本书,他制订的第一轮复习计划是在3个月内完成这20本书的所有习题,可是做题备考的过程真的很枯燥,学习压力也很大。

"现在的学习压力具体是什么呢?"我问小满。

"目前正在复习数学和英语,最让我头疼的是数学,有很多题不会，除了问同学就只能问老师，更多时候是通过微信问老师。我很在意解题步骤，每一步都要弄懂才行，可是我又不能要求老师每一题都写详细的解题步骤，也不好一直打扰老师，所以现在很烦躁，不知道该问谁，不知道该怎么办，不知道该怎样缓解压力。"小满紧皱眉头，声音低沉。

"在此之前有过类似的情况吗？"

"类似的情况我说不好，好像和高考的时候有点像。高考对别人来说是有压力，但是我很轻松。"

"别人有压力，但你很轻松？"我有些不相信，以为听错了。

"因为我摆烂啊。"他笑着说。这更让我意外，摆烂难道还有放松的功能？

"你怎样理解摆烂？"我有些不确定，想知道小满对摆烂的认识是否和我一样。

"摆烂就是该写的写，该做的做，结果无所谓。"他的回答让我意外又充满好奇。

"你的意思是面对高考的学习，该做什么就做什么，但是不去考虑结果会怎样，是这样吗？"

"是的，该做什么做什么。"他很坚定地说。

"我虽然不确定摆烂是什么意思，但好像我理解的摆烂和你所认识的摆烂不太一样。"我理解的摆烂是消极的，可是小满的摆烂却不是。

"嗯？那是什么意思呢？"小满充满疑惑，看来他是真的不知道。

"不然我们在网上查询一下？"我提议。

"好呀。"他拿起身边桌上的手机开始查询，一边查看一边说，"确实不一样。"

"可以读读看吗？"我问小满。

"摆烂，指事情已经无法向好的方向发展，于是就干脆不再采取措施加以控制，而是任由其往坏的方向继续发展下去，不想干了，也就是破罐子破摔。"小满认真地一字一句读完，把手机重新放回桌上，看向我。

"这里的'摆烂'是破罐子破摔，不再采取措施，不干了。可是你的'摆烂'是该做什么做什么，只是对结果无所谓。你怎么看？"我想让小满看到两者的差异。

"一个是不干，一个是继续做；一个是消极的，一个是积极的。"小满马上就有了答案，好像早已经准备好了一样。

"所以，当你该做什么做什么，同时不考虑结果地面对高考时，这样的'摆烂'带给你的是轻松，对吗？"

"确实。"

直到此刻，我才真正明白小满的摆烂究竟是什么意思，是只看重过程不计结果的积极行动。

"摆烂面对高考带给你的结果怎样？"

"怎么说呢？还可以，毕竟达到了一本线，还是在物理分数极低的情况下。我们是最后一年文理分科，理科综合考试的时候我选择先写生物题,因为生物是我最拿手的科目。接下来是化学,结果卡在一道化学题上,一直在考虑这道题而忘了看时间,导致物理题没有完成,影响了物理成绩。"他淡然地说。

"也就是在物理分数极低的情况下过了一本线,到了现在的学校?"我问小满。

"没错,是这样。"他说。

"这样看来,可不可以理解为'摆烂'是你面对高考压力有效的策略呢?"我试着问。

"确实可以这么理解。"

"假如把'摆烂'邀请到现在呢?如何用'摆烂'应对眼下考研学习的压力?"得到小满的确认后,我想尝试把他有效的策略迁移到眼下的困扰中。

他耸耸肩,笑笑说:"现在不知道该怎么摆,不会的题不知道该问谁,我不知道还能怎么办。"

"你知道考研是枯燥的,会有压力,也有自己的规划,安排好了一轮、二轮、三轮复习,现在的问题是遇到不会的题不知道该问谁。"我进一步明确小满的困扰究竟是什么。

"是的。枯燥也是问题,我知道我需要调整,也知道出去玩是目前对我来说最好的办法,可是舍友他们不想动,不想出去,所以也不知道该怎么办。"

"一个是问数学题,一个是找伙伴出去玩,我们先来看哪一个呢?"

"问数学题吧。"他毫不犹豫地回答。

结合小满的意愿,和他一起梳理,看看遇到不会的题究竟可以问谁。他认同的渠道有老师、同学、网络,并且每一种渠道他都有去尝试,也很清楚想要找到和他复习的科目一样、比他学得好、可以互补的同学很不容易。网络资源也尝试过,但是也同样没有找到他需要的、有更详细讲解步骤的资源。

"虽然还没有找到理想的途径,但能看到你一直在积极地进行尝试,寻找一切可以解决问题的办法。"

这是我在跟小满对话的过程中看到的,理想的结果虽然还没有找到,但是这个过程中的他一直在努力,就像是他认识的"摆烂"一样,该做什么做什么,我把看到的这一点及时反馈给他。

"确实是,没有停过,就是太难了。不过,只要是我认定的目标,还是会想尽一切办法去办成。"看到小满是有力量的,前一句还是太难,后一句却是会想尽一切办法办成。

"即使在这么难的情况下,还是会去想办法办成。我很好奇你接下来打算怎么做能越来越接近'办成'这个目标呢?"

小满说:"其实,我还可以有办法。前不久老师推荐我认识了一位高数老师,高数老师答应我可以在遇到难题的时候随时去问她。老师还推荐给我一个考研高数群,我已经加入群,只是还没有在里面问问题,想先等等看。另外,我有一个初中同学,现在在一所重点大学读数学专业。前几天,

学习篇

我还试着联系他问过两道题,同学讲得非常详细,有详尽的解题步骤,是我想要的结果。只是他最近正在准备考试,等他考试结束以后,我打算把不会的数学题问问他。"明显看得出小满轻松了一些。是呀,即使很难但他依然在不停地努力找方法。

"好像又多了好几种可以选择的方式。"

"是,我觉得可以了,这些方法都可以先试试。其实我很清楚,学习压力是我自己给自己的,给自己规定了那么多学习任务,并且需要在一定时间内完成,这样确实让自己压力很大。当然我也很清楚这是因为想要让自己变得更好,为了之后更舒适地生活,所以现在要去付出更多的努力,当然也会更苦。我能想明白,只是面对真实存在的压力,不知道该如何来缓解。"

小满说可以了,关于问数学题的困扰可以停在这里,他找到了可以去尝试的方法。没有任何停留和过度地切换到他的第二个议题,他看到自己想要在未来变得更好的目标,也看到了目前的学习现状和压力,想知道该如何来缓解压力。

"如果10分代表压力的最高值,0分是最低值,请你对咨询前和此时的学习压力进行评估,你会分别打几分呢?"

"我觉得从最开始咨询时,也就是大概一个月前,压力可能是7分,现在差不多是4分。"从分值可以看出来这一个月来小满压力的变化。

"在这个过程中,是什么让压力值从7分降低到4分呢?"

"舍友几乎都在准备考研,之前的咨询让我和舍友的关系发生了变化,周末会和舍友一起出去玩、一起吃饭,每当这个时候我就会好很多。最近学校在举行足球赛和篮球赛,这是我喜欢的运动,也报名参加了比赛。现在最困扰的数学题也知道接下来应该怎样去面对,这些对我缓解压力都有帮助。马上到'五一'了,会有几天的假期,现在正在攒钱,到时候可以出去旅游,已经计划好久啦。"

"如果接下来想在4分的基础上再往下降1分至2分,你觉得还可以做些什么?"

"继续'摆烂'吧,该做什么做什么。"他笑着说。

"所以,面对学习压力,不管压力值是几分,其实你是有办法的,你的办法就是'摆烂',该做什么做什么,不考虑结果。无论是来咨询求助、找高数老师、找同学帮忙、和舍友处理好关系、与舍友结伴学习和放松、参加比赛、旅游……在不同的情况下去做该做的事情,这都是你面对压力的办法,可以这样理解吗?"

小满说:"确实是这样,这么看好像也不是个事了。"他放慢了语速,甚至是一字一字地说。

"假设你可以从今天的咨询中有一点点启发的话,你觉得会是什么?对于你面对当下和未来的学习压力有什么影响呢?"

"压力会一直有,问题也会一直有,我该做什么做什么好了,出现什么问题就去想办法解决什么问题,我的'摆烂'还是很好用的。"

🌻 陪你看见自己

小满清楚地觉察到自己的学习困难和压力状况，面对高考没有压力而是放松的特殊经历，让他在困难和压力中找到了适合自己的应对方法，那就是专属于他的"摆烂"。

此摆烂非彼摆烂，它不是破罐子破摔，不是放弃，而是不计结果的积极行动；是该做什么做什么，遇到什么问题解决什么问题；是在还没有找到理想的结果前不停地在过程中努力寻找；是积极行动后的摆烂；是他面对困难和缓解压力的有效策略。

他说，他认定的目标都会想办法去实现。不知道问谁数学题，他就努力寻找，也正是因为这样才让他有了去问老师、问同学、寻求网络帮助的多个选择。不知道该如何缓解压力，咨询求助使得他和舍友的关系发生改变，选择自己喜欢的运动和比赛项目，攒钱出去旅游，这都是他通过实际行动验证得到的结果和有效的方法。而这一切都是他所谓的"摆烂"的体现，在困难和压力中不计结果的积极行动，该做什么做什么。

小满对"摆烂"的认识和践行，不论是舍友关系、学习压力，还是未来学习和生活中的其他难题，相信他都可以一一应对，因为他拥有专属于他的资源和力量！小满的"摆烂"值得我们了解、学习和借鉴。

不着急做决定

> 有些时候问题如果不能完全解决，那就先去接受，然后再去找更好的办法。原来在纠结考还是不考，好像要求自己必须马上做出一个选择，也是因为这样才会压力很大。现在觉得当然能很快选出一个答案更好，但是假如我有纠结和不确定，不能马上有答案也是正常的。如果是这样，我也不用太着急做决定，我可以先做好当下能做到的事情。

卓雅考研失败后压力非常大，面对要不要再考一次的选择很纠结。她有再考一次的理由，也有可以不再考的现实考虑。同时，面对选择和复习的压力，她想了解缓解压力的方法。

"刚刚结束的研究生入学考试第一科便出现答题卡填写错误的重大失误，跟老师沟通后也没有任何办法改变，只能硬着头皮往下考，这种情况下不可能有理想的成绩。"面对这样的状况和结果，卓雅并没有我想象中那么难过和失落，反而比较平静。

"有的人出现这种情况很可能就会直接放弃后面的考试，即便没有遇到类似的情况也有很多中途放弃考试的学生，是什么让你在出现重大失误的情况下还能坚持考完？"我好奇地问。

"既然准备了不考怎么行？所以还要感谢之前受到的教育，要坚持到底，不轻易放弃。刚看到成绩的时候也很伤心，除了出现失误的科目和预期相差分值比较大，其余的科目都和预期几乎没有差异，看到这一点的时候感觉又好了很多。"卓雅在考试前对每一科进行了分数预估，实际分数竟然和她的预估分数出奇地一致。

"实际分数和预期分数竟然没有差异，这一点你是怎么做到的？"

"我觉得是决心和态度吧，下决心一定要考上，然后过程好好准备。上大学后我的目标就是考研，所以大学期间除了正常的学习和生活，在考研这件事上我真的用了心思。"

"有决心、有态度，还有好好准备考试的行动。"我重复卓雅的话，也是再一次强调她在学习过程中体现出的品质。

卓雅点点头。她说："我是跨专业考研，高考成绩不理想，没有机会学想学的专业，所以考研的时候选择报考了我喜欢的专业，我也有想考的学校，虽然这次没能如愿考上，但是不想调剂。可是跟家里说考研成绩的时候，父母都希望我可以调剂到偏远城市，他们觉得这样被录取的可能性更大，但是我喜欢的专业和就读城市有很大关系。所以，父母其实并不理解我，他们只是希望我能拥有研究生的身份，根本不考虑我的需要和感受。"对于考研、专业和城市，卓雅有自己的想法和目标，这一点很可贵。

"听起来，无论是报考的专业还是学校、城市，你都做了充分的准备，所以才坚持不调剂，想要再考一年，是这样吗？"

"对。高三连续考过好几次班级第一，可是高考没有发挥好，当时没有选择复读。现在有考研的机会，也不是有名校思维，只是想去不一样的大学看一看，这也是我的一个情结吧，所以我还想准备'二战'（重新再考一次），不准备调剂。当然，准备'二战'也有阻力，我也会担心再一次考不上，还有家庭条件和环境的考虑。"

在前面的咨询中已经了解到卓雅有强烈的家庭责任感，她看重家人的感受，希望可以尽早为家人提供好的生活条件。家庭条件并不宽裕，父母也不太支持，这样的现实情况对于想要重新再考一次的卓雅来说无疑是她需要面对的现实压力。

"看到自己的期待和现实的情况后，此刻面对'考'和'不考'两个选择，你有什么新的考虑吗？"

"我当然还是想考的。从小到大学习给了我很多，好的学习成绩让我在父母、老师、同学那里获得自信，我觉得学习让我更有力量、更有信心。我总觉得可以在学习方面做得

学习篇

更好,考研也可以考得更好。其实父母希望我调剂我也可以理解,他们会担心我再考一年也不一定会有好的结果,如果我跟他们好好沟通,就像今天跟老师这样说出我的想法,我觉得他们也会同意。当然,选择不考的概率也是有的,毕竟未来发生什么我无法控制,也没有百分之百的把握能够有一个理想的结果,就像今年考试中出现这样的失误完全超出我的意料。本以为已经足够努力,一切都准备得很好,可还是出现了意外。马上就要毕业离开学校,接下来我身边的环境、人和事都有可能会变化,我的想法也可能会随之发生变化。"

"有些时候问题如果不能完全解决,那就先去接受,然后再去找更好的办法。原来在纠结考还是不考,好像要求自己必须马上做出一个选择,也是因为这样才会压力很大。现在觉得当然能很快选出一个答案更好,但是假如我有纠结和不确定,不能马上有答案也是正常的。如果是这样,我也不用太着急做决定,我可以先做好当下能做到的事情,比如先跟家里沟通,无论做出怎样的选择,当然还是希望可以得到家人的支持。这段时间也需要做好毕业离校前的各种准备,保证能够顺利毕业。也可以给自己一个时间期限,在没有其他更好的选择前先正常复习备考,按部就班地往前走,相信时机成熟的时候答案自然也就有了。"

卓雅说,接下来马上要开始准备复习,备考的过程是枯燥、难熬的,免不了会遇到各种困扰。所以她想了解有哪些具体的方法来缓解学习压力。陪卓雅一起了解自由书写、绘画、冥想、运动、深呼吸等多种方式。她最终选择了自由书写和冥想，她认为这两种方式更适合她。希望卓雅通过练习和实践，可以真正帮助她走过这段重要的时光。

陪你看见自己

生活中，我们总是需要面对一次又一次的选择。是考研还是就业？是"二战"还是放弃？似乎必须二选一才算是选择的结果。

卓雅即使考试中出现重大失误，她也没有因此放弃，而是坚持考试到最后。在与她沟通中，我看到她在学习方面表现出来的自信、力量和学习对她的重要意义，看到她对于理想学校、专业、城市的渴望，以及父母、家庭的现实情况和失误、意外、环境变化的不确定性。

正是这些看见，让卓雅对于选择从纠结到接纳，从必须二选一到做出第三种选择——做好当下可以做的事情，在一个时间期限内先不着急做决定。她已经知道该如何去面对要不要重新再考一次的压力，虽然不同于我们通常所理解的马上做出"考"或"不考"的选择，但这是此时此刻最适合她的选择。

有想法、有坚持、有决心、有态度、有行动是她的积极品质。无论卓雅最终选择再考一次还是选择其他道路，相信这些品质都会给予她面对未来生活的勇气和力量。

家 庭 篇

我改变不了世界，但可以改变自己

> 我想要精神层面的满足，我的爸爸妈妈他们本身并没有得到过，所以也没有办法给到我和妹妹。再加上他们学历不高，也没有意识去学习怎样跟孩子表达情感。我不光需要物质上的支持，还需要精神上的满足，因为我的需要在提升，所以才会遇到现在的困扰。

晓言说，和妈妈沟通出现问题，还特别说明是她单方面的缘故。妈妈和晓言在家里交流不多，反而当她离开家来到学校后妈妈会主动给她发微信聊天，但晓言却无法接受这一点。无论妈妈跟她说什么，她都觉得压力很大，不想说话。

"和爸爸都是见面说话，基本不发微信。妈妈会发微信给我，问吃饭了没有，在干什么。但是我并不愿意在微信上跟妈妈聊天，任何话题都不愿意聊，只要看到妈妈发来的信息，就像是有一块石头压下来，和妈妈之间像是不习惯突如其来的亲密一样的感觉。"晓言这样来形容和爸爸妈妈的关系。

"突如其来的亲密？和妈妈之间的关系经历了变化是吗？"

听到我的问题,晓言先是停顿一下,好像在思考,然后说:"应该是有一个变化的过程,但是我说不清楚。"

基于此,我陪晓言一起来看不同时间和妈妈的关系情况,发现她和妈妈的关系变化从上一个寒假开始。在这之前,晓言会主动发信息跟妈妈分享日常生活,妈妈也会给她打电话。寒假放假回家,晓言开始准备考研,那时候奶奶正在生病,她在家里心情也不好,觉得很压抑,回到学校后便不再像之前那样和妈妈交流。

"从家到学校后发生了什么会让你和妈妈之间有这样的变化呢?"我直接问晓言。

"那段时间我们打电话的时候,妈妈总是会问我在干什么?如果我说我在学习,妈妈就会说那你学习吧,不打扰你了;如果我说在吃饭,妈妈会说那你吃饭吧,吃完好好学习。那个阶段我不光要复习考研,还要做毕业前的各种准备,再加上奶奶生病,毕业后的未知,以及即将面临家庭责任的压力等,叠加在一起很多很多事情,我觉得自己压力非常大。"

"我没有什么朋友,当时很希望妈妈跟我联系的时候能跟我聊聊日常琐事,而不是总谈学习。或者说那时候很想得到妈妈的关心,可实际上她总是在跟我说学习。我知道妈妈很看重我的学习,所以我也不想让她觉得我没有在学习,可是总说学习真的会让我有压力。当然,我也能感受到她的小心,每次电话妈妈都是找话题说话,为了不伤害她我也会找话说,只是心里还是很不舒服。"晓言的言语间充满了无力。

"听起来妈妈关心你,只是妈妈给予的关心不是你想要的。你也不想伤害妈妈,但是你也不知道该如何面对妈妈,是这样吗?"我小心求证。

"对,好像我们彼此都是关心的。或者说,我知道我非常在意和妈妈的关系,有时候我虽然能从她对待我的态度中感受到对我的爱,对我的关心,但更多时候也会在意妈妈对我世俗的要求,或是世俗的期望,比如她希望我能有更好的成绩,考上更好学校的研究生,未来能有一份体面的工作。我承认妈妈在物质上对我有绝对的支持和满足,为了学习而需要的花费更没有问题,我们上补习班的费用妈妈每次都毫不犹豫。但是在精神上感受不到他们对我足够的爱,我曾经试着问过爸妈,意思是为什么不能对我有一些关注和关心?妈妈当时说了一句话,她说我供你们吃供你们穿,还想要怎么样呢?也许这才是真正困扰我的问题,我很想知道这是为什么。"

晓言无奈地笑笑,似乎在讲述的过程中也在整理自己的思绪。

"妈妈在物质方面为你提供了足够的支持,但是在精神方面好像没有意识和行动,你希望得到爸爸妈妈精神上的关心、关注,可是妈妈没有满足你在精神方面的需求,可以这样理解吗?"我再一次进行求证。

听我这么说,晓言连忙点头说:"是这样的,我更希望得到心灵上的满足,更想要的是精神方面的安慰、关心、支持和认可。"

晓言想知道为什么会是这样,我和她一起画家谱图,尝试从中看一看家庭成员之间的互动模式。家谱图可以清晰地呈现家庭结构、家庭特征、家庭所处的社会文化脉络以及家庭成员之间的关系和互动情况,从图中可以看到透过文字语言所不能描绘或者呈现出来的信息。

爷爷奶奶非常爱爸爸,爷爷奶奶对爸爸的爱体现在他们会帮助爸爸减轻家庭负担。爷爷不光会负责家里的所有支出,也会帮助爸爸一起承担家庭的日常家事,但是爷爷奶奶和爸爸之间从来不会有亲密的话语和举动。爸爸会帮助爷爷奶奶做事情,但也仅仅局限于就事论事,几乎没有看到过他们有情感的互动,这一点晓言特别肯定。

在姥姥姥爷家里妈妈是姐姐,妈妈上学的时候学习成绩非常好,可是为了弟弟妹妹可以念书主动放弃了学业,把学习的机会留给了弟弟妹妹,这是妈妈表达对自己家庭和亲人爱的方式,他们之间也一样没有亲密的互动。姥姥姥爷家里的条件并不太好,现在晓言家里情况也一般。说到这里,她好像理解了妈妈为什么把更多时间用于工作和挣钱。用她的话说,从爸爸妈妈的性格也可以看出来妈妈是家庭的顶梁柱,无论是在经济方面还是家庭责任方面。

"通过刚才的梳理,好像整个家庭中爷爷奶奶和爸爸之间、姥姥姥爷和妈妈之间、爸爸妈妈和晓言与妹妹之间,彼此的互动似乎更多体现在具体做事情时给予的实实在在的帮助、在物质方面提供支持,几乎没有情感方面的互动和亲密关系的表达,当看到这一点时,有没有给你带来一些新的想法?"

"我想要精神层面的满足,我的爸爸妈妈他们本身并没有得到过,所以也没有办法给到我和妹妹。再加上他们学历不高,也没有意识去学习怎样跟孩子表达情感。可能我的需要在提升,不光需要物质上的支持,还需要精神上的满足,所以才会遇到现在的困扰。原来我对父母的了解只是停留在表面,但是现在对他们的理解会更深一些。"

我没有想到晓言对父母的新的理解可以来得这么快,也再一次看到通过画家谱图来梳理家庭关系和家庭信息是非常好用的方式。

"带着这样的认识重新来看和妈妈的关系,如果你和妈妈的关系可以具体来衡量,你觉得理想中的关系会是什么样子?"

晓言思考了好一会儿才说:"跟妈妈会有分享欲,可以聊日常生活中的任何事情,开心的、难过的都可以说。妈妈可以理解我的想法,而不是总往下拽我。现在和妈妈最大的矛盾点是学习,她总认为我不够努力,没有紧张感,一路考上大学也不是因为努力,而是因为运气。她觉得我每天嘻嘻哈哈,但其实我也有伤心事。妈妈觉得我没心没肺,没有家庭责任感,只考虑自己,明明现在已经可以去工作赚钱,但还想要再一次考研花家里的钱。"

晓言的失落我看在眼里,直到此刻才有些理解她口中的"往下拽"是什么意思。

"好像其中有共同的地方,你觉得妈妈看不到你的努力、看不到你的不开心、看不到你的家庭责任感、看不到你的在意,也不能理解你?"

"对,是这样。但是现在看来,妈妈也许是没有这样的意识,她不是不愿意给我,而是从没有这样考虑过,她也不知道我想要的是什么。"对妈妈的理解让晓言找到了她想知道的答案。

"当看到期待中和妈妈关系的样子,也认识到妈妈不是不想给,而是没有这样的意识,不知道你想要的是什么。基于这样的现实,你觉得怎样可以更接近你期待中的关系呢?"

"可能需要我主动吧,不过我还没有做好准备。"告诉她可以尊重自己的节奏,她点点头。

一周后再次见到晓言,她说:"上次咨询就像被点醒了一样,这周我想过要去主动联系妈妈,但是因为妈妈的工作比较忙,时间不好把握,所以还是妈妈联系我了。刚刚过去的这一周打过两次电话,第一次通话时间很短,第二次通话时间比较长,并且聊了很多。和妈妈聊天的时候没有压抑和抵触的感觉了,好像又回到了以前一样。本来以为和妈妈的关系没有了希望,也不奢望有什么变化,但是现在觉得有希望了，这种感觉真的很奇妙。"

听晓言这么说，我很开心，为她和妈妈关系的变化而开心，哪怕仅仅只是一个不一样的电话，但我知道这是一段关系崭新的开始。

"有想要主动联系妈妈的想法，并且可以聊很多很久，好奇这个变化是怎么来的？"

"因为上次的咨询让我意识到和妈妈的关系并不是一直都是现在这个样子，以前和妈妈聊天也很开心，让我对我们的关系有了信心。"

"更重要的是我知道我想要的是什么，妈妈给我的是什么，虽然妈妈给我的和我想要的有差异，但是也看到妈妈并不是不想给我，而是她不会，或者她不清楚该给我什么，该怎么给。这样看的话，似乎一切都变了，心里轻松了很多。当我有变化以后也会让我和妈妈的关系变得更好，并且我也不想让妈妈一直小心翼翼，这样会让我很痛苦。因为我也爱妈妈，我很在意和她的关系，我当然不愿意看到她不好。"

这是晓言第一次说爱妈妈，多次提到在意和妈妈的关系，她是真的在意，不知道这一点妈妈是否知道呢？

"假如妈妈有机会听到你刚才说的话，听到你说爱她，在意和她的关系，不愿意看到她不好，听到你对妈妈有了更多的理解，看到妈妈并不是不想而是不知道该给你什么，不知道该怎么给，你觉得当妈妈听到这些后会有什么想法或感受？会想对你说点什么？"

晓言沉思了一会儿，说："妈妈可能根本就想不到她竟然会给我带来这些烦恼。虽然想不到，但是当听我这么说，妈妈应该会欣慰吧，如果想要说点什么的话，或许妈妈会说以后她会尽力的。"

"听妈妈这样说，你打算怎样回应妈妈呢？"

"我不知道该说什么，我想抱抱她。我觉得能互相了解对方的需要和心意才是最重要的，我们之间其实缺少的是沟通，彼此也不知道该如何去表达爱、表达情感。"

陪你看见自己

晓言说，咨询前她觉得自己已经想得很清楚、很明白，来咨询纯粹只是想找一个人宣泄情绪。可是咨询后发现她的认识是表面的，并没有想象中那么清楚。

通过咨询，能看到她和妈妈之间关系的变化，从原来的一切正常到现在的无法交流和压力。看到她不光需要物质支持，更想要精神满足，而这一点是妈妈不能给予的。通过家谱图，能看到父母双方和整个家庭成员的互动模式，看到自己和妈妈彼此对对方的在意和爱，意识到和妈妈之间缺少沟通，互相不懂得如何表达感情。

这所有的看见让她对妈妈无法满足她的需要这一点有了更多更深的理解——妈妈不是不想给、不是不愿意给，而是不会、不懂、不知道该怎样给予来满足她的需要。她和妈妈的关系从失去信心到心怀希望，并且愿意为了理想中的关系主动付诸行动。

  晓言说，她虽然改变不了世界，但是可以改变她自己。特别想请她看到，是她的愿意改变，让关系中她这一方的 50% 先发生变化，才有了妈妈的变化，从而带动她和妈妈关系的改变。这颗愿意改变的心最宝贵也最难得，相信这份心意的背后是她对妈妈深深的爱。她所有的行动都是为了遇见更好的自己，是为了建构更美好的关系。

  为晓言的愿意和她的主动点赞，想跟她说："你真的很棒！"

我想和妈妈建立亲密关系

通过之前的咨询，虽然对妈妈的认识有了变化，但还是不太敢跟妈妈说话，总觉得和妈妈之间无法建立亲密关系，和别人也一样。但是内心又很渴望有亲密的关系，可以相互理解、相互帮助，有什么话都可以说。从小到大也只有初中两个特别好的朋友是这样的关系，更多的时候都是我一个人，甚至打游戏也是自己。虽然一个人也不是大问题，一个人也可以，但还是觉得应该要有几个好朋友。

卫辰用"冲突和疏离"来形容他和妈妈的关系。用他的话说，妈妈总是说他，要求他必须怎样做，控制欲望特别强，这让他很反感，很想摆脱，所以和妈妈的关系很不好。而这一切都是从高中开始，也是从那时候起，即使妈妈主动问他，他也不再想跟妈妈说自己的事情，母子关系越来越紧张。

在和卫辰一起画他的家谱图和时间线时，我从中看到了这个家庭的特点和他求学与生活的经历。爸爸外出打工多年，妈妈一个人除了要照顾年迈的爷爷奶奶，照顾他和弟弟，还要上班。小学便离开家在学校住宿的卫辰第一次通过这样的方式看到妈妈的生活状态，他非常惊讶。高中时妈妈曾责备他不知道主动给妈妈倒水这件事让他耿耿于怀，却在那一刻意识到妈妈其实很希望可以得到卫辰的照顾，只是妈妈并不是通过他所希望的"好好说话"来表达自己的心意，而是责备他。妈妈越是这样，卫辰越不想说话，不想做妈妈希望他做的事情。所以他意识到是妈妈的表达方式让他和妈妈产生隔阂这么久。当意识到这一点时，从卫辰的表情和眼神可以看出来他的难过和失落。

从时间线可以清晰地看到，这么多年卫辰一个人在寄宿学校学习和生活，缺少了太多和妈妈、和家人相处的时间和磨合的机会，这或许也是出现问题的原因之一。我告诉卫辰这一切都不是他的错，我能看到那一瞬间眼泪在他的眼睛里打转。

"通过之前的咨询，虽然对妈妈的认识有了变化，但还是不太敢跟妈妈说话，总觉得和妈妈之间无法建立亲密关系，和别人也一样。但是内心又很渴望有亲密的关系，可以相互理解、相互帮助，有什么话都可以说。从小到大也只有初中两个特别好的朋友是这样的关系，更多的时候都是我一个人，甚至打游戏也是自己。虽然一个人也不是大问题，一个人也可以，但还是觉得应该要有几个好朋友。"

"我的朋友都是表面朋友，只是正常的交往，没有特别好、能交心的朋友。跟别人聊天，如果是一般的、普通的、无关紧要的话题，我都没有问题。只要涉及我的想法，涉及生活或者情绪方面的话题，我就会刻意回避，不敢向别人透露我的真实想法，和父母也不愿意说。比如同学问我考研想考哪里，我可能只会模糊地说想考北方或者南方城市，不会很具体，但其实对于这样的问题我是有一些想法的，就好像我在刻意地不太敢去建立太深的关系。"

卫辰讲了很多，我知道，对于他来说这是难得的，因为讲述内心的故事本身就需要勇气。

"你提到和妈妈的关系，也提到和其他人的关系，渴望亲密关系但是又不太敢去建立更深的关系，如果我们此刻可以聚焦的话，你更愿意谈哪一个呢？"

卫辰犹豫了一下，说："还是和妈妈的关系吧，我很清楚和妈妈的关系会影响到我和其他人的关系，很想知道为什么会这样。"我相信选择也是一种整理，卫辰的选择代表了他当下的需要。

接下来我邀请卫辰说说他和妈妈的关系，他从最近一次吵架说起。

"我俩争吵的时候，如果我说话，妈妈会比我吵得更厉害，我当然不想这样。这个时候我一般会回自己房间，关上门，有时候可以自己待一下午。见我回房间，妈妈一开始会继续吵两句，过一会儿也就不会再吵了。再等一段时间后，妈妈会转换话题跟我说话，我也就自然而然地回应她，虽然只是表面上关系恢复，但确实也不再继续吵架了。"

"听起来，和妈妈吵架的时候你会选择避开，这一点是对你来说有效的结束和妈妈吵架的方式,虽然有不得已。"我提出了我的理解。

卫辰想了想说:"是这样。我不得不这样做,不然就会一直吵下去,并且越来越凶。其实现在和别人也是一样,不光是有冲突的时候,平时几乎也这样,能避开就避开,所以更多时候都是我一个人,没有什么机会跟别人在一起。"卫辰有些失落。

"这样避开能够让你不去面对那些不想面对的人和事,比如冲突;但同时又会让你缺少和他人沟通与互动的机会,甚至因为产生距离和隔阂而无法建立亲密关系,是这样吗?"我试着提炼出我看到的信息。

"确实。我还想到一点,避开也是因为在意别人的评价。当然也分人,关系好、关系亲近的人会更容易产生评价,而评价会让我有心理负担,这是我不愿意去面对的,确切地说是不知道该怎么面对。所以,为了避免评价和心理负担,也就选择不去建立更亲密的关系。"

当看到这一点的时候,卫辰说他很兴奋,看到了自己为什么不愿意去跟别人建立亲密关系的原因,就好像看到了自己的本质问题。

他紧接着说:"关系不好的人当然不会在意,会选择直接避开。可是很多关系没有办法避开,也没有办法选择,比如和妈妈的关系。每次沟通我都会害怕,害怕妈妈给我糟糕的体验。所以即使对她有了一些理解,但还是不太敢,和妈妈的关系也没有任何进展。"

刚刚的兴奋还没有持续多久，卫辰马上又开始失落，面对无法选择和避开的妈妈怎么办？这才是他眼下最关心的问题。

"听起来你希望跟妈妈建立亲密关系，并且一直在为这个目标而努力。"从卫辰的描述中我捕捉到宝贵的细节。

"当然，我一直都在想办法。"这一刻，卫辰没有丝毫犹豫，我真的非常感动。他虽然嘴上说和妈妈是冲突、疏离的关系，但其实背后的心愿是可以和妈妈建立亲密关系，并且一直都在为这个目标而努力，前来咨询求助同样也是他付出的努力之一。

"假设妈妈有机会听到我们此时此刻的对话，看到你希望能够跟妈妈建立更亲密的关系，并且一直在寻找办法。你觉得妈妈会怎么想？会想对你说什么？"

"妈妈不一定会说什么，可能会有些不相信，也可能只是沉默吧，但至少不会像往常一样说我，我也不会有那些糟糕的体验。"

卫辰停下来，低头看着他的手，然后慢慢地说："其实我也要接受妈妈想要控制我的事实，不能总是去反抗，但是这个接受的前提是理解妈妈做这件事情背后的原因，我凡事都想要找到自己认同的、能说服我的理由，只有这样在我这里问题才能解决。"

"很意外也很好奇，是什么让你有了这样的改变，从反感和想要摆脱妈妈的控制到接受这个事实?"

"或许是在整个咨询的过程中对妈妈、对我和妈妈之间的关系有了更多的理解和认识,或许是刚才我更清楚地看到我真正的愿望是想要和妈妈建立亲密的关系,而不是像现在这样冲突和疏离的关系。不管是妈妈在报考高考志愿时希望我更换专业,还是希望我能报考离家近一些学校的研究生,都是希望我能离家近,希望我更好吧。看到背后的原因对于我无法改变的现实更容易接受,在我可以接受的范围内对妈妈多一点理解,接受我不能改变的,改变我可以改变的。"

这一刻,我看到的是卫辰的善良,对妈妈的在意和爱。他愿意去理解妈妈,愿意去接受妈妈的好,愿意去改变自己,这份愿意是多么难能可贵。

"如果请你带着对妈妈的理解,在现实的生活中具体怎样做才会有助于改善你和妈妈的关系呢?"

陪卫辰一起梳理的过程中,总结了以下内容:

(一)接受不能改变的

平时遇到事情可以和妈妈好好沟通。如果妈妈像往常一样说了不好听的话,让卫辰产生难受的、糟糕的体验,先试着去理解妈妈为什么会这么说,她背后的原因可能是什么。如果能理解、能接受,就按照妈妈说的来。不能理解、不能接受,那就按照自己的想法来,但是会尽力跟妈妈解释。

(二)改变可以改变的

卫辰想让妈妈也试着理解他,怎样才能让妈妈理解他呢？他想到几点：第一，首先他要主动觉察自己的需求，虽然这一点对他来说很难。第二，他要尝试着跟妈妈表达出他的需求，勇敢表达想要妈妈为他做些什么。

怎样不会让卫辰陷入妈妈的负面情绪，不被妈妈的情绪左右？最本质的就是不评判。他提到曾经在参加冥想练习时，觉察到他的头脑中有一个"小人儿"存在，并一直都在。在卫辰需要的时候，就可以把他喊出来，这个时候"小人儿"就会变强；当卫辰不需要的时候，"小人儿"就可以远离，会变弱。觉察到"小人儿"的存在让卫辰震惊、意外，他认为这是对他来说非常有效的方式，这一点可以从他兴奋的表现中看出来。可以让他不带评判地去看妈妈，让他不会陷入妈妈的负面情绪中。卫辰希望自己以后可以刻意地、有意识地去获得"小人儿"更多的帮助。

虽然我还不能百分百理解"小人儿"对卫辰的意义，但是对他来说是非常有效的方式，这就够了。只要卫辰知道他是什么，知道什么时候去召唤他，知道怎么去用就好。至此，我更深刻地感受到每个人都有属于自己的方法，每个人都有属于自己的在地性知识。

卫辰说跟妈妈的关系可以停在这里了，虽然不知道以后会怎样，但至少现在心里是满满的，他迫不及待地想要先试一试目前找到的这些方法。和其他人的亲密关系，他坚信也会变得不一样。

家庭篇

陪你看见自己

卫辰在遇到困难时主动选择求助。当他遇到失眠的难题时会去参加冥想活动；当他和妈妈的关系遇到困难时，他会去询问爸爸和妹妹，会来求助心理咨询，主动求助无疑也是他宝贵的能力。

他意识到和妈妈的关系变得紧张。通过对话，他看到妈妈不能好好说话的表达方式让他们之间产生隔阂。他看到自己的渴望，希望能够与他人建立相互理解、相互帮助、有什么话都可以说的亲密关系。看到自己不愿意建立亲密关系的原因是他不知道该如何面对他人的评价和由此产生的心理负担，从而刻意回避。看到和妈妈的关系模式影响到他和其他人的关系，比如"避开"这把双刃剑带给他的影响。当他找到一些方法来面对和妈妈的关系时，他开始有信心，相信与其他人的亲密关系也会变得不一样。

面对无法选择和避开的妈妈，即便在妈妈这里有糟糕的体验，但他依然没有放弃，他背后的心愿是可以和妈妈建立亲密关系，并且一直都在为这个目标而努力。他愿意更多地理解妈妈，愿意接受妈妈对他的好，愿意去改变自己，找到更多适合的方法。这一刻，我看到的是卫辰的善良，对妈妈的在意和爱。他对妈妈的这份心意和爱值得被看到。

意识即改变，所有的看见都是改变的开始，也是在为改变做准备。我相信那么努力的卫辰一定会实现他的愿望，无论是和妈妈，还是其他人，在不久的将来他也不会再是自己一个人，他可以拥有理想中的亲密关系。

纯粹的爱

我现在也是父母的孩子,但是除了我是他们的孩子以外,我和父母感情交流太少,根本感受不到他们对我的爱,好像我只要学习好就行,在他们眼中我是否优秀取决于参照物,取决于身边同学或者同事的孩子。他们希望我有更优秀的一面,我怎么想的并不重要,我只有成为世俗看起来比较成功的那种孩子他们才会觉得有面子。所以,我总是觉得父母对我的爱有附加条件,这个附加条件现在是成绩好,以后可能会是工作好吧。

视频中第一次见到梦宛,是个清秀的女孩子,印象很深刻。咨询正式开始,梦宛便马上进入主题,开始分享她的故事,似乎我们之间完全不需要多余的时间来熟悉,这是她对我的信任。

"前一段时间姥爷去世,那时候我在学校上课,家里没有人告诉我,我是在两个月后跟妈妈聊天时才知道这件事。"

说到这里,梦宛突然哭起来,哭了很长很长时间,哭得很伤心。我告诉她放开哭,我就在这里等她。我就这样看着她一边哭一边用纸巾擦眼泪,直到慢慢地平复下来。她解释说提到姥爷很难过,所以才会哭。

"我不明白也很不理解,为什么这么大的事情没有一个人跟我说。我问过妈妈一次,妈妈的理由是因为我在上学,请假会耽误学习,可是我在省内上学,请假回家并不是难事。但是我又不敢再去问妈妈,毕竟妈妈失去了她的爸爸,妈妈才是姥爷的亲闺女,而我只是外孙女,我不知道该怎么去问,也不敢问。"

虽然没有再流眼泪,但看得出来梦宛依然很难过,可是即便再难过也没有忽略对妈妈的关心和理解。

"我虽然从小由爷爷奶奶带大,但是姥爷也是我的亲人,并且小时候姥爷对我非常好,我还是不能接受他的离开我竟然不知道。还有,我会觉得如果连这样的事情都不告诉我,我好像根本不是这个家里的人,我不知道在父母和家人的眼里我是什么样子,我不理解学习在他们那里怎么就这么重要。"梦宛不光在意没有人告诉她这么重要的事情,更重要的是她希望自己是这个家里的一份子。

"爸爸妈妈非常在意我的学习。考初中的时候班里有五六十人,我考第二名,和第一名仅相差 0.5 分,这个时候妈妈会说,看你距离第一名还差 0.5 分,你还不是第一名。初一年级我从一开始班里的第十六名到最后一次考试成为班里第三名,整个初一我都在进步,对我来说已经非常不容易。可是初二年级的第一次考试成绩有明显下降,放假回到家爸爸妈妈说'你为什么还不学习？你都已经退步了，还打算退到哪去呢？你看你和前面的同学还有很大的差距'。他们不光对我这样，对妹妹也一样。妹妹在小学经常考第一名，班里已经没有人可以比较了，但是爸爸妈妈会拿她和同事家的孩子比较。"很显然，爸爸妈妈对梦宛和妹妹的学习成绩是有期待的。

"除了学习，姥爷的事情也让我很想知道我在父母眼里究竟是什么样子。在我五六岁的时候，那时妹妹还小，有一次妈妈和一个亲戚在客厅聊天，我当时在院子里跳皮筋，无意中听到妈妈说相比较她更喜欢妹妹，妈妈可能认为我没有听见，但是当时我确实听到了她说这句话，那时候我真的好难过，只是后来伪装得很好，没有表现出来而已，也没有人看出来我的难过，直到现在妈妈仍然不知道这件事情。"

"三四年级的时候妈妈打过我一次，后背被打得又青又紫，一个月都没有好，已经忘了具体因为什么事情，可能是那时候我比较叛逆。从小跟爷爷奶奶长大的我很少挨打，所以这次印象比较深刻。不过挨打也没什么，本来就是我做错了，打就打了。"

我猜梦宛从来没有机会讲这些事情，她讲了很多很多，就像打开了记忆的大门。我就这样在视频的另一头安静地听着、看着，直到她停下来。

"我很好奇，一次是听到妈妈说话，一次是妈妈打了你，一般来说挨打会印象更深刻，受到的影响会更大，可是听起来反而听到妈妈说话这件事情会让你感觉更不好，我的理解对吗？"我直接表达出我的感受。

"以前没有觉得，不过现在说起来确实是这样。挨打的事情其实已经释然了，毕竟是我做得不好。但是听到妈妈说更喜欢妹妹我的确很难过。因为我更在意爸妈的看法，也很希望得到他们的喜欢和认可，可是那时候妈妈的话让我觉得我并不被他们喜欢，甚至有被否定的感觉。我很希望我和父母的关系是真正单纯的父母和孩子之间的关系。"原来梦宛在意的是父母的认可和喜欢。

"你怎样理解真正单纯的关系？或者说现在和父母的关系和你所希望的真正单纯的关系有什么不一样吗？"我很想知道她所说的真正单纯的父母和孩子的关系究竟是怎样的关系。

"我现在也是父母的孩子，但是除了我是他们的孩子以外，我和父母感情交流太少，根本感受不到他们对我的爱，好像我只要学习好就行，在他们眼中我是否优秀取决于参照物，取决于身边同学或者同事的孩子。他们希望我有更优秀的一面，我怎么想的并不重要，我只有成为世俗看起来比较成功的那种孩子他们才会觉得有面子。所以，我总是觉得父母对我的爱有附加条件，这个附加条件现在是成绩好，以后可能会是工作好吧。"梦宛的声音很低，听起来有失落、有无力。

"有成绩好、工作好作为附加条件的爱，似乎与前面父母看重学习也是有关联的。"我试着提出猜测。

"对，学习好才能成绩好、工作好，他们就这样认为。我希望父母不只是看重我的学习，希望他们对我的爱是纯粹的。"

"如果'纯粹的爱'可以衡量，具体是怎样的呢？"我继续求证，想知道梦宛心中期待的爱是什么样子。

梦宛沉思了片刻，说："即使有一天我的学习成绩真的很不理想、工作也不如他们期待的好，但他们依然爱我。"

梦宛的答案让我明白了她所期待的"纯粹的爱"是怎样的爱，"纯粹的爱"所体现出来的亲子关系是怎样的关系。听起来她想要的一点都不多，父母对孩子的爱不就是这样吗？

梦宛想要没有附加条件的纯粹的爱，想知道为什么学习在父母眼里这么重要。我陪她一起来画家谱图，从家谱图中看到梦宛是爸爸和妈妈双方家族中第一个考上大学的孩子，也是第一个本科生。目前家族中每个家庭的生活情况都不如意，所有的亲人都认为读书才可以改变命运，而学习成绩是未来生活好坏最直接的决定性因素。正像梦宛所说，家人认为只有学习成绩好，将来的工作和生活才会好。

当梦宛看到这些，她笑笑说："原来只知道父母对我们在学习上是有期望的，但是今天看到家谱图后，好像突然理解了他们为什么会这么看重我们的学习。应该是希望我们能生活得更好一些，这样他们也能生活得好，希望大家都能好吧。"她看到了父母看重学习成绩背后的期待。

"如果我们重新去看那个有附加条件的爱，成绩好、工作好，对于你来说意味着什么？"

"一样意味着过得好，他们希望我的生活条件更好一些。"说完，梦宛开始沉默。

"其实我也可以试着跟他们去沟通，告诉他们我有可能会成绩不好，有可能会工作不好，希望他们也能接纳那样的我，我在意的是他们纯粹的、无条件的爱。"梦宛补充道。

"我们假设一下，真的有机会跟父母表达了你的心意，你觉得他们会怎样回应你？"

梦宛想了想，她说："我想他们可能会很吃惊，我怎么会说出这样的话，希望是希望，达不到也就达不到，怎么会不爱呢？"

听梦宛这么说，我也很吃惊。

"是什么让你觉得父母会这样来回应？"

"只是想到了一些事情。初中三年成绩起起落落，父母虽然嘴上说我成绩退步了，依然在跟别人比较，但并没有影响他们继续给我拿补习费，其他需要也毫不犹豫。我高中成绩挺好，但是高考发挥失常，和预期的成绩相差很多，父母虽然也有一些失落，但总体上还是很高兴，也会开心地跟家人分享。现在考研又失利，虽然他们希望我可以调剂，但也没有责备或者不满意。"梦宛说。

"即使有一天我的学习真的很不理想、工作也不如他们期待的好，他们依然可以爱我。这是你对'纯粹的爱'的界定，想到这些事有没有带给你一些新的启发和思考？"

"一路走过来，我的学习确实不算理想，不如他们的期待，尤其是高考和考研，但是他们好像也没有怎样。"

"父母的生活经历告诉他们的是只有学习好、成绩好，未来才会有好工作，才会有好的生活。所以，他们对我和妹妹表达爱的方式只是希望我们学习好，这是他们认为我们当下生活中最重要的事情，或许他们也没有意识到这样的期望和要求对我们可能会产生一些影响。现在，我可能会更理解他们，理解他们为什么那么看重我们的学习，他们看重学习的背后是希望我们可以生活得更好。我不需要再怀疑他们是不是真的爱我，纯粹的爱我其实已经拥有了。"说完这些，梦宛如释重负。

一周后再次见面，梦宛说心情好了很多，姥爷的事情也没有那么难过了，自己看开了。

"看开了怎么说？是发生了什么事吗？"

"他们不告诉我家里的事情，已经不是第一次了。大家庭里很多事情父母都不会跟我说，比如亲戚结婚、满月、升学、生病等，只是因为关系本来也不亲近，所以也没有那么在意。我想了想，其实过去爸爸妈妈也会跟我讲一些家里的事情，那时候我并没有什么反应，所以他们会觉得我并不在意这些事，也就习惯不告诉我。当然，我也从来没有明确表达我想要参与到大家庭中来的意愿，也不知道该怎么去说，这会让父母觉得我其实对这些并不太上心，他们肯定也没想到我会在意这件事。这么想，其实也就没事了。所以，以后我在意的事，我可以跟父母表达，让他们知道我的想法，也就不会这么久还过不去。"

陪你看见自己

梦宛不理解为什么家人没有告诉她姥爷的事情，她想知道在父母和家人眼里她是什么样子，她不理解学习在父母那里为什么那么重要。

她看到自己的期待和需要。她更在意父母的看法，希望得到他们的喜欢和认可，希望和父母的关系是真正单纯的关系，希望父母对她的爱是纯粹的——即使有一天她的学习真的很不理想、工作也不如他们期待的好，他们依然爱她。

当她看到家谱图，她对父母有了更多的理解和看见，理解父母对她的期待，理解父母对她爱的表达方式，看到父母看重学习成绩的背后是希望她未来的生活更好。面对她初三年级成绩的起起落落、不算理想的高考成绩和考研失利，父母其实并没有因此而有不好的言行，这一点让她意识到她所期待的理想中的爱其实已经拥有了。

父母对梦宛的学习有期待，背后的心意是希望她可以有更好的生活。梦宛希望得到父母纯粹的、无附加条件的爱，背后的心意是希望她是被父母喜欢和认可的，哪怕成绩不好也是被父母爱的。梦宛看到她想要的爱是什么样子,看到父母给予的爱背后的心意是什么,当彼此的心意可以被看到时,其实纯粹的爱就在那里。

祝福梦宛!

恋爱篇

面对突如其来的表白

筱美真的不那么喜欢州,但是州的表白让她看到了她的被喜欢,她喜欢被喜欢的感觉却是真实存在的。

筱美的咨询让我看到老师能够给学生留下一个"出口",当他们学习生活一切都很顺利的时候,你只是他们曾经的老师,但是当学生在求学过程中遇到困难需要帮助的时候,你就可以是他们求助的选择之一,学生对你的选择是一份沉甸甸的信任,这或许就是我们学生工作者的意义吧。我曾是筱美大一年级的任课教师,三年后的今天,她主动找到我说遇到了困难。

筱美和州是同年级同学,但两人平时交集不算多,也不熟悉。直到大三年级的某一天,下课后同学们陆陆续续离开教室,筱美习惯性地留在教室里自习。正当筱美开始学习的时候,州突然走到她的面前,并且直接表达说喜欢筱美,希望筱美可以做他的女朋友。那一刻,筱美觉得突然又意外,她甚至没有听清楚州具体说了什么。她的第一反应是毫不犹豫地拒绝，州被拒绝后表示他一定不会放弃。

从那之后，筱美为了避开和州见面，在自习室和图书馆之间来回切换学习场所，但州每次都能找到她，并善意提醒筱美要好好上课或者要专心学习之类。筱美觉得很烦，她跟州说不要再来找她，这样会打扰她学习，也会影响他们考研复习（筱美和州都在备考）。与此同时，筱美明确告知州她毕业回家乡的打算和安排，以及并不喜欢对方。可是州不听劝，依然反复找筱美，多次赠送礼物均被拒绝。筱美觉得州的做法让她有心理负担，希望州不要再来烦她。同时，这段经历也给她带来烦恼和困扰。

到这里，我们看到的故事是男生和女生、表白与拒绝，仅此而已。可是当与筱美细细来看这段经历时，才会发现故事背后的故事。

被表白之前筱美没有喜欢的人，也没有谈恋爱的经历，面对州突如其来的表白，筱美手足无措，她不知道该怎样去面对。通过筱美的描述了解到，州同样也没有恋爱经验，筱美是他第一次表白的对象，筱美反复的拒绝让他除了一味地坚持，没有别的选择。看得出来，州一样是困扰的、是无措的，只是困扰的主题不同罢了。我在想，此刻来求助的筱美想知道该如何面对被表白的困扰；如果现在来求助的是州，他的主题或许就是该如何面对表白被拒绝了。

同时，筱美虽然拒绝了州一次又一次的表白，但州还会反复来找她，他们依然会见面、会交流。筱美看到了他们

恋爱篇

之间纠缠的、拉拉扯扯的关系,也看到了自己不知道该如何拒绝州的为难,或者说她看到了自己反反复复的拒绝是无效的。无效的拒绝也许是因为筱美发出的拒绝信号不足够强烈,也许是筱美发出的拒绝信号州并没有接收到,或者州虽然接收到了信号但他不愿意接受被拒绝的结果。无论如何,都是筱美和州双方的互动造成他们之间拉拉扯扯的结果和状态。

一次次听筱美说多么厌烦州,可是并没有在她的言行举止中感受到那么"烦",通过对他们互动细节的深入了解,才知道"烦"是真的存在,但那个"烦"和我们通常理解的烦并不一样。我和筱美一起看到她感受到的"烦"在变化,一开始她认为自己是完全厌烦对方,后来她说也不太清楚对州的感觉究竟是什么样子。不那么喜欢,但也不是太讨厌,只有"对这个人的行为和做事方式有不认同的地方"这一点是确定的。另外,因为州不善言辞,所以筱美也不知道该如何跟对方进行沟通,这也让筱美产生了无力应对的感觉。

筱美真的不那么喜欢州,但是州的表白让她看到了她的被喜欢,筱美喜欢被喜欢的感觉却是真实存在的。正所谓,有一种情感——我不喜欢这个人,但喜欢被喜欢的感觉、被喜欢的幸福。这一点筱美是认同的。

不管是手足无措,还是烦恼和不确定,筱美都不再觉得是问题,她开始意识到,这样的经历是一种学习,是体验,也是回忆。

看见闪闪发光的他们

陪你看见自己

两个不知道该如何面对表白、拒绝、恋爱的男生和女生相遇了。无论是情感的确认与表达，还是接受与拒绝，对于筱美和州来说这都是一个崭新的学习内容。只是学习的过程和结果并不确定，他们不知道接下来会发生什么，正因为如此，才有了筱美被表白和州面对被拒绝的无措。

我想，即使他们曾有过恋爱的经历，但是面对一个崭新的、不一样的、独一无二的生命个体，面对一份新的感情和一段新的关系，那种不知道该如何面对的感觉一样会有。所以，无论是筱美还是州，他们在学习新内容的过程中的不确定才是最正常不过的确定。

甜蜜的负担

> 恋爱其实挺好，有个人相互陪伴，相互照顾，也不会觉得孤单。可是恋爱带来的影响又会让我有不好的感受，会影响学习，这也是让我有困扰的地方。

"想谈恋爱，可是不知道该如何开始。"这是利航在初次预约咨询时提出的咨询主题。两周后的他有些害羞地跟我说他恋爱了。可是，还没来得及听他分享恋爱的喜悦，此刻坐在我对面的利航却说现在自己在恋爱关系中觉得有点怪，不太适应，想回到以前没有谈恋爱的状态。想恋爱—恋爱—不想恋爱，不得不说变化来得有些快。

在征求了利航的意见后，我决定和他一起来看看不适应具体体现在哪里，看看恋爱前和恋爱后他的生活究竟发生了哪些变化？经过梳理后，我发现恋爱前后他生活的变化主要体现在以下几个方面。

生活费的变化。恋爱前，每个月家里提供足够的生活费，再加上利航常常会在假期兼职，他从没因为生活费有过担忧。可是现在从一个人变为两个人,虽然有女朋友一起分担,但生活费的支出仍然有明显增加,甚至有过一段捉襟见肘的日子。因为父母不太支持他在大学期间谈恋爱,希望他在学校好好学习,所以他还没有告诉父母恋爱的事情,家里提供的生活费也没有发生变化,生活费的增加给他造成了困扰。

亲密互动的困扰。这是利航第一次恋爱,他没有恋爱经验,如何谈恋爱其实他真的不懂。在和女朋友相处的过程中,无法避免会有亲密接触的互动和亲密关系话题的谈论,这些都让他无所适从,不知道该如何面对。

学习时间的影响。正处于热恋期的他们,每天除上课时间外都会在一起,利航原本的学习计划被打乱,学习时间明显减少,他认为是恋爱占用了时间影响了学习,因此产生内疚感。他虽然告诉自己不能因为恋爱而影响学习,但又觉得不太可能。

除此之外,看得出来利航还有话想说,可是他说有些为难,不知道该怎么说。我告诉他没有做好准备的时候可以不说,要尊重他自己的感受。

经过梳理,利航看到了恋爱前后他的生活发生的变化,看到了恋爱带给他的影响和困扰。利航认为这些变化和影响有些可以跟女朋友说,有些一定不能说,比如他委婉地跟女朋友说过生活费的问题,通情达理的女朋友和他达成共识,减少不必要的开支,这让他轻松很多。但是不知道该如何恋爱、恋爱影响学习，这些他无法与女朋友诉说，也不知道该怎么办。这些困扰让他觉得恋爱其实并不像恋爱前所想象的那样，也就有了刚开始的诉求，想要回到以前没有谈恋爱的状态里。

"如果请你为目前的恋爱状态命名，你会选择什么？"

利航想了想，他说："甜蜜的负担吧。恋爱其实挺好，有个人相互陪伴，相互照顾，也不会觉得孤单。可是恋爱带来的影响又会让我有不好的感受，会影响学习，这也是让我有困扰的地方。"他解释道。

"恋爱既带来甜蜜也伴有负担，假如甜蜜和负担的总分是10分，你觉得此时它们分别占几分？"

"6分和4分吧，甜蜜和负担分别是6分和4分。"利航说。

"相互陪伴、相互照顾、不会孤单是恋爱带来的甜蜜，那负担指什么呢？或者说如果把这4分具体化，它包含哪些方面？"

利航说："刚才提到的生活费、不适应恋爱和影响学习都在这4分中，但是对于现在的我来说，最重要的负担还是影响学习，这一项可以占到3分或者更多，就算3分吧，其他两个还好，甚至可以忽略不计。"

"这里的负担主要指恋爱影响学习，是这样吗？"

"对，最近需要完成的学习很多，老师布置的课堂作业、课外任务、英语六级考试、体育考试，还要准备专业比赛和期末考试等。马上要期末考试,作为学生干部,我需要和同学们一起整理复习资料,这是我的工作,也需要完成好。其实,除了恋爱占用学习时间,还有一个原因是我的时间安排不合理,总觉得整个生活都很混乱。"

听利航这样说,才真正理解他"恋爱影响学习"的困扰,因为这个阶段的他有这么多需要完成的任务,需要去做的事情。同时,也看到面对众多的学习和工作事项,有效的时间管理对于此时的他来说非常必要。

我跟利航介绍时间管理四象限法则,也就是将待处理事项根据其重要性和紧急性进行分类的方法,有助于更有效地管理时间。我问利航是否愿意试试看?他有些迫不及待地说当然可以。

我拿出纸,在纸上画出象限图,和他一起梳理刚才提到的每一项考试、作业、比赛、工作,然后请他根据每一事项需要完成的时间节点和重要性,将事项分别放置在相对应的四个象限中,最后把完成的象限图拿给他看。

"这样看来,其实眼下并不是每一件事情都要做,而是可以按照时间节点有选择性地来完成,也不需要那么焦虑。"他一边看图一边说。

"如果重新来看恋爱影响学习的3分,假设想在3分的基础上降低1分的话,除了刚刚说按照时间节点来做事情,还可以做些什么呢?"

"我能想到的是先和女朋友分开一段时间,彼此顾好各自的学习，先保持距离，给对方一些独处的时间，过一段时间再在一起。"

话一出口，他自言自语地说："这个想法简直太离谱了，女朋友也一定不会同意。"

"这个想法不行，还可以有其他选择吗？"

"应该有，比如减少我们在一起的时间，同时提高学习效率。"

"可以具体些吗？结合每天的学习和生活具体可以怎样做？"

利航结合他的学习和生活现状，提出来以下几种可以选择的方案：

1. 周一到周五每天晚上和女朋友一起吃饭，晚饭后各自回自习室学习，周六周日可以在一起；

2. 每天早上比平时早起30分钟用于学习；

3. 减少不必要的时间花费，提高工作效率。比如：明确作为学生干部的工作职责，减少不必要的干扰。无论是与老师和同学沟通还是完成日常的工作任务都尽可能做到不拖拉。之前自习时间会去和女朋友聊聊天，以后可以在每天的学习任务完成后再见面。

这些实实在在的具体行动计划的落实无疑可以帮助他改善现状。

再次请利航看恋爱影响学习的3分，他说如果可以按照现在的计划执行，3分一定会下降。当然，降多少要看自己的执行情况，但已经有了行动方向，也就不再是问题。

利航在咨询总结时提出这次梳理对他非常有帮助，但同时也发现好像他内心想要做这样的梳理，又不想梳理。想梳理是因为这些事情迟早都需要完成，不想梳理是因为一梳理出来就必须去做。做就意味着改变，他不想改变自己，因为改变相当于过去的习惯要发生变化，变化很难，很累，也很痛。但是不改变也不行，因为现在一样痛苦，甚至比不改变更痛苦，所以还是决定要改变。

陪你看见自己

利航看到恋爱前后他的生活发生了变化，恋爱既给他带来甜蜜也带给他负担，由此产生了影响和困扰。

对负担的澄清让利航发现他更在意的是恋爱对学习的影响，通过对现阶段需要完成的各项学习和工作重新进行梳理，结合学习和生活的实际，明确具体化的时间安排和方案，更好地进行时间管理，能够降低恋爱带给他的负担。

利航清晰地觉察到"做与不做""改变与不改变"带给他微妙的心理影响。在"改变与不改变"之间进行选择时，虽然他明白改变很难、很累、也很痛苦，但他还是毅然决然地选择改变。正是他想要改变目前现状的意愿和决心，才会有机会体验由此带来的不一样的生活，看到改变后的自己。我相信愿意选择改变是他最重要最宝贵的力量。

考虑到利航时间紧张，马上要进行期末考试，我跟他确认下周咨询是否继续，他说咨询除了带给他帮助，目前对他来说也是最好的放松方式，所以还是会选择继续。

咨询结束，利航起身离开的时候能够感受到他的轻松。他对我表达感谢后竟然跳着、跑着离开了。听着楼道里渐渐消失的脚步声，看到他的表现和变化，那一刻的我除了开心，还有可以陪伴学生成长的成就感和价值感。

重感情是一把双刃剑

> 我好像明白为什么我会这么痛苦，因为我对女朋友的所有付出和分享，对方都是用没有回应来回应我，我的理解是没有回应就像是冷暴力一样，也是我最接受不了的，好像看到了我痛苦的原因是什么。

（一）

伊健认识女朋友两个月后主动表白，两人确定恋爱关系。伊健很清楚他想要的是什么，他认为大学不只有学习，还有生活和其他。所以，除了学习，他特别喜欢到各地旅游，吃好吃的，玩好玩的。和女朋友在一起后，他会带着女朋友一起出去玩，每天陪在女朋友身边，尽心尽力、无微不至地关心和照顾对方，他认为这才是对女朋友好。

一开始，一切都还好。可是他们在一起不到一个月，两个人的关系开始发生变化。女朋友认为伊健什么都不好，没有任何闪光点，幼稚、不成熟。让伊健最痛苦的是患得患失的感受，他觉得只要女朋友不高兴，他们之间就可能会分手。所以，哪怕是给对方发一条信息，伊健都要斟酌半天，甚至常常把发出去的信息撤回来，他怕自己说错话而让对方不开心。

刚刚结束的英语考试，女朋友没有通过，伊健想去安慰她，可是打过去的电话被挂断，发出去的信息也没有回复。伊健非常生气，他把手机设置成勿扰模式，不想收到女朋友的信息，可是又忍不住总是看手机。想收到信息又怕收到信息。他怕的是对方用"嗯、好、表情包"这样的回复来敷衍他。所以，看上去在自习室学习的伊健其实是在生闷气，根本学不进去。两天后，见面的两个人因此大吵一架。可以说最近两个人在不断重复类似的场景。

这两天女朋友生病让伊健很内疚，他觉得是他让女朋友不快乐造成的，比如他不会说话让女朋友伤心。但即便这样，伊健仍然不愿意分手，可是他又很难受，失眠，吃不下饭，做不了事，什么心思都没有，无法正常学习。伊健既痛苦又不甘心，他觉得他那么认真投入这段感情，可是对方不光是不开心，甚至还有厌恶，他怎么想都觉得不应该是这样的结果。

"女朋友在语言和行为方面对你的态度和表现，一般情况下人们好像会选择放弃这段感情，可是现在你这么难过、痛苦，却仍然不愿意放弃，这一点你怎么看？"

"确实不愿意放弃，我真的很看重这份感情。当然，不光是和女朋友之间的感情，其实无论是和家人、同学、朋友,每一段感情对我来说都很重要。今年'五一'放假,在南方的朋友邀请我去玩,朋友说只要我去,所有的费用他全负责,我什么都不用考虑。"伊健笑着说,能感受到他满满的骄傲。

"你身上一定有什么特别的地方,才会让朋友这样来对待。"我说。

伊健说:"如果有的话,一定是我重感情这一点。"

"很好奇你看重的感情是什么样子的?"

"第一,感情肯定是相互的,是双向奔赴的,我对你好,你也对我好。我跟你有分享,你对我有回应。这是一种互动,是很幸福的。第二,感情很珍贵,因为珍贵,所以会很看重,彼此一定会放在心上。第三,感情是有共鸣的。就拿发信息来说,我发信息给你,你也会给我一个回应;或者是朋友圈点个赞,哪怕是简单回复一个表情都算,而不是只有'已读',或者没有任何回应。"伊健的表达不那么流畅,因为他在一边思考一边组织语言。

"刚才对看重感情的描述中有两条都提到回应,可不可以理解为你看重回应?"我问伊健。

"确实是,当我跟对方分享或者有行动付出的时候,都希望对方能给予回应。回应对我来说很重要,甚至会直接影响我的状态,可能一下子会被打入谷底。"看来回应对伊健是真的很重要。

"假如回应分为积极回应、消极回应和没有回应的话,你觉得三种回应分别对你的影响是怎样的？"我猜测不同的回应对伊健的影响应该不同，但究竟怎样不同需要看伊健的答案。

"如果收到积极回应会感觉良好；如果是消极回应会受到一些影响；可是假如没有得到任何回应，对我造成的影响是最大的，也是最难受的。"说到这里，伊健像是突然明白了什么，他接着说，"我好像知道为什么我会这么痛苦，因为我对女朋友的所有付出和分享，对方都是用没有回应来回应我，我的理解是没有回应就像是冷暴力一样，也是我最接受不了的，好像看到了我痛苦的原因是什么。对，没错，确实是这样。"伊健像是在自言自语。

"当出现没有回应的情况时，你通常会如何来面对？"

"对于别人来说，如果对方没有回应，我最多再尝试一次、两次，如果再没有回应也就不会有下一次。但是对于女朋友来说，她没有回应，我可能会再行动一次，再没回应，就再行动一次……可能要这样反反复复N次，不过在这一次一次的反复中感情肯定会变淡，最终还是不想再有下一次了。只是这个过程会很难过、很郁闷，甚至会自我否定。"

不难看出，伊健对待女朋友和对待别人的没有回应是不同的，给女朋友的机会更多，女朋友没有回应的回应给他带来的痛苦持续的时间也会更长吧。

我请伊健分别对上周和这周女朋友的没有回应对他产生的影响进行评分，最痛苦是10分。他说如果上次咨询时女朋友的没有回应对他造成的影响是7分，这周可能达到了9分。9分是让我意外的，因为没有比上周的7分降低反而升高。伊健解释说，这周的9分是因为在过去的这一周里他仍然在继续付出，但依然无法得到对方的回应，所以这个分值会增加。下周应该就不会了，痛苦程度也会有所降低，毕竟不可能一直这样下去。

（二）

"如果请你对感情的看重程度进行打分，0分是最低分，10分是最高分，你会打几分？"

"这么说吧，如果拿感情和事业来比较，平时感情和事业可以五五开，各打5分。但是当遇到事情的时候我一定会选择感情，宁愿放弃事业来选择感情，也就是10分和0分，感情是10分。"伊健十分笃定地说。

"如果请你根据对女朋友的认识，你觉得同样的问题她会怎么选择呢？她对感情的认识是怎样的？"

伊健苦笑着说："女朋友和我刚好相反，女朋友在感情上的打分应该是0分，在事业上是10分。"他停顿几秒后接着说，"其实我们两个人很不一样，我更看重感情，而女朋友更看重学习和工作，她特别上进。所以，我能给的不是她想要的。"说完，伊健有些惊讶，或者是对自己的话感到意外。

"怎么说呢？"

"我能给她的是物质上的满足和每天实实在在的陪伴，

恋爱篇

而她想要的可能是一个会说话的人，需要的关怀也不是我所能给的，可能我关怀的点并不对。比如说我能给她的关怀是带她出去玩，去吃好吃的，出去旅游散心，但是女朋友并不认为这是开心的事情。女朋友希望对方是上进的，上进主要是情绪上的成熟，而我认为的上进是运动、学习、活动各个方面表现还不错，生活态度积极向上，所以我们之间有很多差异。"看得出来伊健有明显的失落。

接下来，陪伊健一起来看和女朋友在家庭环境和成长经历方面的差异。伊健用非常和睦来形容他的家庭环境。爸爸妈妈关系特别好，基本上不会吵架，哪怕偶尔有一些争执也是爸爸主动去哄着妈妈。他从家庭中感受到的是和睦、幸福和爸爸妈妈对他的爱，他从小到大看到的感情都是好的。所以伊健的恋爱观和婚姻观是他一定会和爸爸一样，会关心体贴对方，照顾对方。同时，伊健的成长经历也很顺利。而女朋友却截然相反，伊健清晰地看到他和女朋友在家庭环境方面的巨大差异。看到两个人成长经历的不同，也理解了他们对感情认识的差异。

"成长经历的差异，对你看待这段感情会有什么影响？"

"我不能只是主观地来想事情，也要从对方的角度考虑问题。比如现在女朋友不想在一起，那就不去联系，或者是避着点儿，当我不知道怎么做的时候我就先不去做。虽然还是喜欢女朋友，但是如果确实不合适，也没有必要再继续耗下去。"伊健对于女朋友的态度似乎释然了一些。

再次见到伊健，他说他的变化是开始让自己放下，不再主动联系对方，能避开就避开。原来会时常去看聊天记录，现在已经全部删掉，也隐藏了女朋友的照片，不再刻意去打听对方的消息。他能明显觉察到难受发生了变化，难受的时间变短了。类似女朋友不跟他打招呼扭头走开这样的事情，原来他可能会难受一整天，现在只会难受半天；原来让他难受15分钟的事情，现在可能只难受10分钟。假如原来他对女朋友的热情用满杯水来表达，现在这杯水在不断减少，这是他能明确感受到的变化。

"如果请你来评估一下女朋友的事情带给你的影响，你觉得有变化吗？"

"如果最高分是10分的话，刚开始的影响差不多是满分10分，现在下降到6-7分。"我们曾在咨询中多次使用数字评分的方式来具体化程度，伊健现在已经可以很熟练地应用。

"你觉得能让影响从10分降到现在的6-7分最重要的因素是什么？或者说你做了什么让影响从10分降至6-7分？"

"应该是我有了一个明确的方向，就是让自己放下，只是目前做得还不太好，还不太满意，但这个分值确实发生了明显的变化。"

"假如在目前6-7分的基础上再降低1分，你觉得做点什么能够实现？"

"要让自己忙起来，先把和女朋友的事情放一放，把眼下需要做的事情先完成。还有三周就要期末考试，接下来还有英语四级考试，如果这两个考试能顺利通过的话，不只是会降低1分，会远远超过1分。"伊健笑着说。

"具体需要怎样做才能在这么短的时间内顺利通过这两个考试呢？"

伊健想了想说："肯定是要好好复习。我现在能想到的是上课好好听课，每天按时上晚自习，有计划地复习。白天按照课表上课，晚上从晚饭后一直到十点半上自习。我准备要考研，专业课里有一些考研要考的科目必须打好基础。为了英语四级和考研英语，每天完成一篇阅读理解。想要做到这些，必须要沉下心来集中注意力，提高学习效率。今天这样整理完，我更明白接下来该怎样执行了。"

和伊健一连串地问答和梳理，是希望他可以将原本只是停留在脑海中的计划，变成具体的、可操作和可执行的行动方案，只有这样才能真正实现目标。

陪你看见自己

伊健说，咨询让他看到和女朋友之间的问题所在，就像捅破了那层纸，透过问题看到了本质一样。

和女朋友的这段感情经历让伊健有机会看到他看重感情，他看重回应。他看到了自己真正痛苦的原因是和女朋友相处的过程中无法得到理想的回应。看到他和女朋友在家庭环境、成长过程、情感需求等各个方面的差异，而这些差异也是造成他们感情现状的重要原因。看到他在面对感情带来的影响时积极求助和探索，他意识到要从对方的角度考虑问题、告诉自己主动放下并开始行动、让自己忙起来，他在难受和痛苦中依然尽力保证不耽误学习。这些积极的调整和变化也确实让难受的程度有所下降，他相信不会一直这样下去，只是需要一个过程。

他说，有了这段经历，如果再去面对未来的感情，应该会有不一样。他不会像现在这样这么轻易、这么快地完全投入一段感情中，导致像现在这样死去活来。他会在选择的时候更慎重，会去看自己是否能够承受相应的结果，当然也会去看两个人究竟是否适合在一起。他明白了重感情是一把双刃剑，这把双刃剑带给他双重影响，它能给伊健带来很多美好的感情经历和感受的同时，也会带给他现在这样的痛苦体验。此时，伊健更相信这段经历带给他的不只是痛苦，还有坚强和成熟。

渴望双向奔赴的感情

> 我很理性,做事情会考虑利弊得失,但是面对感情却理性不起来,总会回忆两个人在一起的时光。很看重过去的感情,总是放不下,没有办法开始新的生活,觉得很痛苦,也很混乱,捋不清楚。

柯岩是我曾经的学生,他在预约信息中说:"老师,我最近情绪有点崩,整晚失眠。"我有些担心他,不清楚究竟发生了什么。因为他正放假在家,无法面对面咨询。我们约定好时间通过视频进行对话。

"和女朋友分手快一个月了,迷茫、消极、作息时间混乱,处于摆烂状态,什么都干不了,整夜失眠,白天基本上是放空状态,昏昏沉沉,不知道该干什么,不知道该怎么办。"柯岩急于分享他的现状,这一点从他说话的语气和语速可以明显感觉出来。

"是因为分手吗?"

"90% 是因为分手。"

"那剩下的 10% 呢?"自然而然地好奇,学生的每一句话都很重要，都值得关注。

"应该是我个人的原因，我这个人平时不太愿意跟别人讲自己的事情，一般都是憋在心里自己消化。我到底是想恢复到原来的状态？还是想控制情绪？我也说不好。可能和我的恋爱观有关，我对恋爱的认识比较简单，我会把所有的重心都放在对方身上，也会想跟她走到最后。现在相处一年多后分手，我觉得很空虚。"视频中的柯岩有些憔悴和无奈。

"把所有的重心放在对方身上，可以多说说吗？"

"我们认识一个月后确定恋爱关系，在一起一年多，大概14个月，现在分手一个月。在一起的时间里，我几乎95%的心思都在女朋友身上。只要她想找我，我肯定都会在，我会去关注她的日常生活，看她有没有遇到困难，她需要的时候会去陪她，她想要的礼物一定会买给她，只要她发来信息肯定会回复，有需求一定会满足。当然我自己的事情也会做，该上课就上课，该参加活动就参加活动。可是现在不行，什么事都不想做，我也知道该找事情做，可好像潜意识就是做不来。"看得出来，柯岩在这段感情中确实付出了很多时间和精力，他很用心地对待女朋友和这段关系。

"14个月以来你把95%的心思用在女朋友身上，现在的分手好像把这14个月以来形成的关系和习惯全打破了。"分手是关系的失去，对柯岩来说这是明显的变化，关系的变化和习惯的变化。

"对，是这样。我很想走出来，但好像内心又很排斥，

恋爱篇

没有做好开始一段新生活的准备。"

"很想从这种状态中走出来,可是心里又会排斥,排斥是不想走出来吗?听起来似乎是矛盾的。"我直接提出疑问。

"是,我在权衡利弊,在权衡要不要恢复关系。这次是因为发生了争执导致我们之间产生很大的隔阂,我不知道要不要复合,做不了这个决定。白天会想着分了就分了吧,可是一到晚上静下来会去想这一年多我们在一起的很多事情,很舍不得。"

"我很理性,做事情会考虑利弊得失,但是面对感情却理性不起来,总会回忆两个人在一起的时光,很看重过去的感情,总是放不下,没有办法开始新的生活,觉得很痛苦,也很混乱,捋不清楚。"柯岩紧皱着眉头。

"如果请你用一个词来形容此刻的状态,你觉得是什么?"鉴于柯岩混乱的状态,我尝试通过外化来看看会不会有不一样。

"迷茫吧。"

"这个迷茫是什么时候出现的?"

"在我们分手两天后。"他非常认真地一边思考一边回答我提出的问题。

"迷茫在什么时候会强烈些?什么时候会弱些?"

"白天会想着分了就分了,没有其他想法,那时候比较弱;晚上就会纠结要不要复合,会去想以前的事情,这时候会很强烈。白天有一半想在一起一半想要分开,到了晚上有百分之八九十想要复合。"

柯岩好像也从这两个数字中看出了什么,他接着解释说:"白天会去做别的事情,这样会分散注意力。晚上一个人静下来就会想,越想越睡不着,越睡不着越难受,就像是恶性循环。其实我比较内省,我能看到自己的问题,有时候过于理性会去权衡利弊,我也清楚不管要不要复合都不应该一直这样下去,但是感性又让我忘不掉这个人。"

"一件事我只要想明白就会走出来,然后恢复到正常状态。现在就是想不明白,就像是卡在这里了。其实我对感情的看法更倾向于去找她复合,但是我又会有担心。一方面不知道能不能复合,另一方面即使现在复合了,以后还会出现其他问题。"

"我们是异地恋,她在我的家乡,我在外地上学。她是专科生,现在在企业实习,每天特别忙,根本没有时间发信息,有时候我们甚至一两天都不联系。她现在没有精力放在我身上,会忽略我。因为刚刚参加工作,她还不能处理好各种工作关系,也会把工作中的情绪带到我们的关系中。她比我先参加工作,如果工作后依然处理不好各种关系,把对工作的情绪带回家,带给最亲近的人,这个是我不认同的,我们分手那次吵架就是因为这个原因。虽然我以前也会把情绪带回家,甚至和父母发生矛盾,但是后来意识到是自己不对,也就不会了。"

恋爱篇

"我们俩有很像的地方，比如都不会随意把自己的事情跟别人说，情绪不好的时候会选择自己消化。也有不一样的地方，比如遇到问题我会去沟通，不会把情绪带给亲人或者对方。女朋友情绪不好的时候不想说话，她想自己待着，会把工作的情绪带到生活中。她会选择摆烂，拒绝沟通，所以也会因此不回信息，不联系。我很不能理解这一点，我也劝过她不要这样把情绪转给亲近的人，之前她会承认，也会说去调整自己。可是这次吵架她态度特别不好，还说了很多以前从来没说过的话。说她就这样，父母也没要求过她不能有情绪。"

柯岩就这样讲了很多很多他和女朋友的事情，是在讲故事，也是在表达情绪。我猜或许正像他所说的那样，他不会随意跟别人说自己的事情，此刻能说这么多已经很不简单。在讲述中他看到和女朋友之间的相似和差异，也看到由差异所引发的矛盾。

"刚才讲了很多和女朋友的事情，如果请你来总结一下，你觉得自己最想表达的是什么呢？"我想请柯岩在众多信息中找到他最想表达的或者最关注的点。

"我知道我们之间有差异，也会出现这样或者那样的问题。但其实我不怕出问题，也会去面对和解决问题，不会因为有问题就分手。我们两个人本身就是异地恋，也有过一个星期不说话的时候，但是也都还好。我不想闹成现在这个样子，我很在意对方，想和她走到最后，即使现在有这样的问题我也不想放弃，我对这个人是有感情的。"

柯岩这么说让我很意外，也看到他的力量，不害怕问题，会去面对和解决问题，看到他对女朋友的心意是有感情和不想放弃。

"即使现在有问题你也不想放弃，如果此刻请你用分数来评估想要和女朋友复合和分开的意愿，总分是10分，你会怎样打分呢？"

"如果总分是10分的话，有7分想复合，3分想放弃。"

"你不害怕问题，对女朋友有感情也想走到最后，还有现在的7分和3分，对这些你怎么看？"

"是，我想去复合，只是有些担心，害怕被拒绝。其实发生争执后我们沟通过一次，那时候她说需要时间考虑，一定不会分手，让我不要想太多，因为她也在纠结如果以后再遇到这样的情况怎么办。可是一周后再谈的时候，她就说不想在一起了。"柯岩说到两次沟通时语气有明显的变化。

"同样是争执后的沟通，你觉得两次沟通对你来说感受一样吗？"

"不一样，第一次其实我根本没有什么感觉，但是第二次她那么说我就开始受不了。"说完，柯岩有些吃惊，似乎他从来没有想过这一点。

"你觉得这两次沟通的差别在哪儿呢？"

"其实我更希望的是双向奔赴的感情，只要她愿意，我就会想办法在一起。"

恋爱篇

"你想要的是双向奔赴的感情,如果女朋友愿意跟你在一起,无论多难,无论遇到什么困难,你都会去想办法解决,都会在一起。可是现在女朋友说不想在一起了,这是你不能接受的。你更在意的是女朋友和你在一起的决心,可以这样理解吗?"

"是这样,确实是这样。"柯岩连续用了两个"是这样"来回应,看得出来这才是他真正的想法。

我这时候才明白,原来双向奔赴才是他想要的感情,之所以现在这么纠结和痛苦是因为女朋友提出分手后打破了他的期待和希望。

"我确实不想分手,我舍不得她,从一开始就想在一起走到最后,我没有对父母和亲戚隐瞒,全家人都知道她的存在。也没有给自己留退路,这一年多在一起的时光对我来说是最美好的,所以才会不停地回忆,我舍不得这个人,又害怕会被拒绝。"柯岩的表述让我有了一个大胆的猜测。

"很想改变目前的状态,但是内心又排斥改变。这一年多对你来说特别美好,总是在晚上回忆在一起的时光。我忽然有一个猜测,当然还需要你的确认,当下的状态对你来说意味着什么?你真的希望从现在痛苦的状态中走出来吗?"

听到我的问题,从柯岩的表情和眼神中我能明显感受到他的意外,停顿了片刻后他才回应我。

"这种状态真的很痛苦,这么痛苦会一直提醒我想要和她在一起,我想要复合,我不能忘了她。好像痛苦一直在提醒我和这个人是有联系、有关系的，就像是我们还在一起一样，只是现在吵架了。如果没有了痛苦，这段关系也就结束了。我也许在等，等她回头来找我，等她来找我复合。"

"其实只有我自己能解决这个问题。如果我内心告诉自己说我们就不是一路人，分开就分开了，这个时候根本就不会痛苦。如果我内心告诉自己说我就是舍不得她，就是放不下，就是想要复合在一起，那我就会像现在这样痛苦下去。其实是在骗自己，一边说着想要走出来想改变，一边又告诉自己痛苦是舍不得造成的，放弃会不甘心，为什么整夜睡不着会去想关于她的一切，会去想放不下、舍不得。其实如果真的想要分开的话，那现在分手后应该有脱离苦海的感觉，会兴奋才对。现在捋清楚了很多，也不想再纠结要不要复合，我就是想在一起，只是害怕被拒绝，更清楚自己的想法了，可以了。"

"如果今天的对话可以带给你一点点收获的话，你觉得会是什么呢？"

"原来我渴望的是双向奔赴的感情，我希望女朋友和我一样下定决心在一起，出现目前的状况我更希望她能回头来找我。即使不能来找我，我也希望当我主动提出复合的时候不会被拒绝。我可能还是会想这件事，还是会失眠，但是梳理清楚了我的心意，7分和3分是我真实的想法。更清楚了，不再混乱，具体怎么做接下来就得看自己啦。"看得出来视频中的柯岩和刚开始的他相比放松了很多，紧皱的眉头也舒展开来。

恋爱篇

🌻 陪你看见自己

　　分手是关系的失去，分手本身会给人带来影响，更何况柯岩曾经将 95% 的心思用在女朋友身上。分手对于他来说是关系的变化，也是习惯的变化，这一变化值得去好好关注。

　　柯岩不会随意把自己的事情跟别人说，情绪不好的时候会选择自己消化。可是因为他的主动邀约，才有了今天这一个小时的对话。对于他来说，把自己的故事和情绪表达出来是不容易的，是需要勇气的，迈出这一步本身就很了不起。

　　讲述和对话让柯岩从混乱到清晰。我看到他想要和女朋友复合的心意；看到他渴望的是双向奔赴的感情，在意对方想要和他在一起的决心；看到他不怕问题，有问题也会去面对、去解决；看到他希望女朋友能来主动找他，以及对于被拒绝的担心。我把我的看见一一反馈给他，包括此刻对他担心的消失，感谢他的信任和坦诚。那一刻，我看到视频中的他有些不好意思。

　　正如柯岩所说，只有他才能解决自己的问题。所以，无论故事的结局如何，把解决问题的权利交给柯岩，相信他一定可以的。

　　与此同时，面对感情柯岩在乎的是双向奔赴和彼此在一起的决心，他所做的一切都是在为自己的在乎而努力，相信每个人都是如此。

149

从十分到零分的过程

嘿,你看恋爱前的你那么积极、乐观、阳光又帅气。虽然恋爱也带给你快乐,可是闹分手这段时间你这么消沉、暴躁、脾气大,像是掉入了情绪黑洞,不光自己情绪不好,还会影响周围的人。过去的你像孩子一样无忧无虑,现在的你是一个正在经历痛苦的成年人,这或许就是从孩子成长为大人要走的路吧。我相信这段感情经历会让你更冷静、更成熟、更慎重。

宇文很看重感情,他会用真心去面对每一位朋友,对待女朋友更是如此。他说,如果把他的人生旅途比作是一趟列车,那么他结识的朋友们就像是走上他这趟列车的旅客,他希望每一位旅客都可以乘车到终点,而不是在旅途中来来回回地上车和下车。他希望和每一位朋友包括女朋友都是长久的关系,而不是短暂的。

第一次见到宇文时,他和女朋友刚刚分手,那时候的他失眠、精神不振,学习和生活受到严重的影响。到现在一个月过去,他觉得目前的状态还好,各方面都有好转。好转最主要体现在难受程度的变化，不像刚开始那么难受了。

"如果请你来评估一个月来分手对你的影响，或者说难受程度的变化，最难受是最高分 10 分，最低分是 0 分，你会怎样打分？"

"第一次来咨询的时候难受程度是 10 分，也是我最痛苦的时候，第二次可以降到 8 分，第三次是 5 分，此时此刻的第四次还是 5 分。"宇文的难受程度和变化情况用数字来表示清晰可见，也更容易理解。

"在这个过程中你做了什么让难受从 10 分降到 5 分？"我很好奇是什么在这个过程中起到作用。

"我觉得最重要的是理解，对女朋友的理解，对我自己的理解。认识到我有我的道理，她有她的道理。理解我的为人和对待感情的态度，还有我们之间的差异，理解了这些就会释怀很多。"更多的理解是让宇文的难受程度发生变化的关键。

"从第三次到现在过去的一周 5 分没有变化？"

"对，因为还是难受。说不定下一次就会降到 0 分，当然也可能是再下一次或者更长时间以后。这件事肯定是要结束的，如果这件事情结束，难受的分值会从现在的 5 分降到 0 分，不过这需要一个过程，应该不会那么快，究竟在什么时间能达到我还说不好，但是我知道需要时间，不可能一蹴而就。所以现在的难受也是正常的。"宇文真实而又坦诚地说。

"当你意识到目前的难受是正常的，并且从 10 分到 0 分需要一个过程，现在的你会有什么不一样吗？"

"不会觉得难受和状态不好是很糟糕的事情，也不那么着急了，反正正常的状态总会到来。现在最重要的是学习，因为感情的事情这个学期基本上没怎么好好学习，毕竟马上就要期末考试了。虽然考试应该没问题，但还是要把学习放在第一位。"

"即使在这个阶段经历了感情的困扰，并且因此受到种种影响，但是你依然可以这么确定地说考试应该没有问题，是什么让你这么有信心？"我问宇文。

"确实很受影响，但是我会去想办法。"他果断地回答，没有任何犹豫。

"哦？想到了哪些办法？"

"现在上课我基本都会坐在第一排，保证听课的状态，尽量不走神。如果真有不会的题我会去找老师请教，也会找班里学习比较好的同学去问。会找高年级认识的学长学姐，问问他们同一科目的学习重点，做到心中有数。另外，我也在尽力调整状态，现在每天晚上都会和舍友一起去操场跑步，跑步后就能睡个好觉，第二天精神状态也会好。"

"之前我们在咨询的时候提到是否可以集中一个时间段来想感情这件事情，其他时间尽可能正常地学习和生活，那时候我确实做不到，但是现在每次跑步结束后我都会用大概15分钟时间和舍友聊一聊这件事，或者是给朋友们打电话，每次说完都会好很多，好像不知不觉做到了。"

恋爱篇

听宇文这样说，我从一开始对他有些担心到现在放下心来。原本会担心他的学习，现在发现他在积极想办法来面对困难，寻找有效的策略和方法，我也因此更相信他可以慢慢地走出困境。

"当五年后的宇文回望这段故事的时候，会对今天正在经历感情痛苦的宇文说些什么？或者当他回望这段感情经历对于宇文的人生意义时，他会怎么说？"

听我说完，宇文笑笑说："这个问题很特别，我需要想一想。他可能会说，'嘿，你看恋爱前的你那么积极、乐观、阳光又帅气。虽然恋爱也带给你快乐，可是闹分手这段时间你这么消沉、暴躁、脾气大，像是掉入了情绪黑洞，不光自己情绪不好，还影响了周围的人。过去的你像孩子一样无忧无虑，现在的你是一个正在经历痛苦的成年人，这或许就是从孩子成长为大人要走的路吧。我相信这段感情经历会让你更冷静、更成熟、更慎重。如果有下一次，你一定要更慎重，不要再这么轻易地开始。一定要用时间和对方慢慢相处，相互了解后再确定关系。即使在一起，所有的投入和付出都是相互的，而不是像现在这样一而再再而三地单方面付出，你要适当关照自己的感受。这段经历也是在为你自己的人生买单吧。'"

陪你看见自己

宇文面对感情有他自己的认识,他希望每一段感情都不是短暂的,都是长久的,长久的感情是他看重和在意的。

通过感受和女朋友分手后的一个月难受程度的变化,让他看到"理解自己和女朋友"在这个过程中发挥的重要作用;看到难受一定会从十分降到零分,虽然需要的时间还不确定;也更理解眼下难受的正常,更接纳自己当下的状态。

我陪伴宇文一起梳理,邀请未来的宇文和现在的宇文进行跨越时空的对话,让他看到这段经历带给他的影响和意义。不光有消极的影响,也有积极的影响;不只有痛苦,还有成长。在经历痛苦和难受的同时,这段经历也让他更成熟、更稳重、更谨慎地去面对未来的感情。再次面对感情时,拥有崭新认识的宇文和现在的宇文一定是不一样的。

接下来,宇文想专心准备即将到来的期末考试,假期结束后重新开始崭新的生活。

新生活,新开始,相信那个零分一定会在该来的时候到来!

迷雾里找方向

> 当女朋友跟我讲她的压力，讲她的经历，我可以先不着急说话，我要先想一想，看一看，看女朋友的诉求是什么，是想要表达情绪，还是想要倾诉她的压力，或者有的时候女朋友只是需要说说话，而不需要我帮她去解决问题。

柏林说他的感情出现了一些问题，最近和女朋友吵架的次数有点儿多，他们对很多事情的认识都有分歧，两个人的价值观不一样。女朋友觉得他们不适合谈恋爱，甚至提出分手，这是他们在一起以来柏林第一次听女朋友说分手，他慌张又害怕。

每次吵架后，柏林都会妥协、会哄女朋友，跟女朋友承认是自己不好，虽然女朋友开心了，但是他自己是难受的。他开始怀疑自己，怀疑这段关系能否走下去，但是他不想分手，不想失去女朋友，也不想失去这段关系。

我跟柏林确定好他的目标是想要更好地维系、经营和女朋友的这段关系，而不再纠结于"为什么总是吵架""为什么每次都是我妥协""我们真的要分开了吗"这些问题,明确的咨询目标让我和柏林双方都更清晰地看到继续往前走的方向。这样,原本的关系困扰转化为一个想要达成的行动目标,那就是怎样可以让他们的关系变得更好。视角的转变也开启了我们全新的对话。

听完柏林讲最近两次和女朋友吵架,好像看到了一些相似的地方,尝试一起来看一看。

"可以分别说一说这两次吵架的情况吗?"我请柏林讲具体些,比如为什么吵架以及他们双方的回应,因为细节往往可以传递出更多的信息。

"好。先说第一次吧,女朋友是学生干部,有时候她会跟我表达工作多、压力大、情绪烦躁,还会讲一些在工作过程中具体遇到的事情。因为我也是学生干部,她说的一些工作我也了解,但是我的想法和认识明显和她不一样,尤其是在一些小事上。当她向我倾诉的时候,我会跟她说如果是我,肯定不会表现出这样的情绪,这都是小问题,不至于这么焦虑,我的抗压能力是很强的,你的抗压能力有点弱,需要锻炼一下。听我说完她很生气,然后哭着离开了。应该是因为我说了不好的话,但我不知道具体问题出在哪儿,只能想办法去哄女朋友。"

"第二次是女朋友跟我讲宿舍的事情,舍友之间的矛盾、分歧和她受到舍友关系的影响等。我听到的都是鸡毛蒜皮的琐事,全是抱怨和不满,所以会跟她说强者从不抱怨环境,这不是什么大事。这次和上次一样，听我说完，女朋友非常生气，然后我只能去认错来缓和我们之间的关系。"

柏林分享完两次吵架的情况，从他的言语和表情中能看得出来，他确实不知道女朋友当时为什么生气。

"从这两次吵架来看，能看到什么共同的地方吗？"我希望他可以有所觉察。

"好像每次都是女朋友跟我倾诉，然后我会回应，可是我的回应却让她很生气，接下来我只能去想尽办法哄她开心，可事实是我其实也不知道究竟哪里出了问题。"即使现在说起这些，柏林依然满是不解。

"这样说来问题似乎出在回应上？"

"好像是这样。"他有些不确定地说。

"那我们来具体看看你的回应。"

"好。"

"我肯定不会表现出这样的情绪，这都是小问题，不至于这么焦虑，我的抗压能力是很强的，你的抗压能力有点弱，需要锻炼一下。强者从不抱怨环境，这不是什么大事。重新来听会有什么感受吗？"我特意放慢语速，将柏林两次回应的内容一句一句重复了两遍。

柏林有些不好意思地说："好像我在拿我的标准去衡量她，去评判她，甚至去否定她。你这样做是不应该的，你这样做是不对的。"似乎不需要再说什么，悟性极好的柏林已经找到症结所在。

"你的目标是想和女朋友好好相处,那么面对女朋友的倾诉或者哪怕是抱怨,你可以怎样来回应能够有助于达到你的目标呢?"我们围绕目标展开接下来的对话。

"其实我应该站在女朋友的角度去考虑问题,而不是拿自己的标准来衡量她的行为,甚至是去批判她的行为。"柏林若有所思地说。

"假如今天咨询结束,女朋友依然像过去那两次一样跟你来倾诉她的工作、她的宿舍关系,具体体现在你们的对话中你打算怎样来回应?"我没有停留在柏林概括性的总结上,而是希望他的反思可以落实在接下来更具体的行动中。

"当女朋友跟我讲她的压力,讲她的经历,我可以先不着急说话,我要先想一想,看一看,看女朋友的诉求是什么,是想要表达情绪,还是想要倾诉她的压力,或者有的时候女朋友只是需要说说话,而不需要我帮她去解决问题。"

听到柏林说"先不着急说话"时,我感受到他的智慧,他已经找到了属于他的方法,并且还区分了表达情绪、倾诉压力和解决问题是不同的层次,真心为他点赞。

说完,柏林停下来,他怯怯地说:"老师,其实我并不是心怀恶意地去评判女朋友,或者去否定她,而是为了表达我对她的关心。"

"想要表达关心?怎么说呢?"听柏林这么说确实很好奇,想听听他的想法。

"是真的想要表达关心,每次当女朋友跟我说她遇到的问题和不开心的事情时，我其实很想去关心她，因为我认为沉默不好，沉默显得我对她不上心。可是除了沉默，我习惯去分析事情，所以总是会想去帮女朋友分析她遇到的事情，希望通过分析她可以从中得到一些启发，并没有想去教她做事情。除此之外，我不知道该用什么样的方式面对女朋友的情绪和她的状态，所以才会出现现在的状况。我以为帮助女朋友分析事情会让她感觉好一些，但是没想到会变成现在这样，好像每次都碰到她的雷区，变成吵架和生气。"

"所以，其实你想要表达对女朋友的关心，但是又不知道该如何表达，才会用你习惯用的分析的方式去面对女朋友。"

我再次跟柏林确认，得到他的认同。

这完全出乎我的意料，除了惊讶还有感动。感动于他背后真实的心意竟然是想表达对女朋友的关心，这份感动也让整个咨询变得不一样。同时我也在想，假如女朋友能够听到柏林的心意会有什么想法呢？

"假设女朋友此时此刻就坐在这里，坐在你的旁边，当她听到我们的对话，听到你的心意其实是很想去关心她、去帮助她，而并不是想让她难过，只是不知道该如何来面对那时候的女朋友。当她听到这些，你觉得她会怎么想？对你们的关系会有什么影响呢？"

"我觉得她会理解我，我们之间的关系会变得更好。所以，其实我也可以坦诚地跟女朋友聊一聊，告诉她我的心意。只是在这之前我根本没有意识到这一点。"确实，即便是故事的主人公也不一定能意识到故事背后自己的心意。

鉴于柏林不知道该如何面对女朋友，我把我认为非常好用的"万能的问话"分享给他。面对不知道该说什么或者做什么的情境时，可以跟对方真诚地表达自己的不知道，比如：听你讲工作中的困难，看到你这么难过，我很想帮助你，可是又不知道该说些什么或者做些什么能让你好一些，你看需要我做点什么你会感觉好一点呢？"

当我分享完，柏林觉得特别好，非常适用。我征求他的意见，看他是否愿意在现场进行练习，他爽快地答应了。想象着当女朋友再次跟他倾诉，当他不知道该如何面对时，他可以怎样表达。几次练习后，柏林已经可以熟练地应用，稍加修改后就确定好了适合他的语言和表达方式。

陪你看见自己

柏林总结说，来咨询前他认为他才是需要疗愈的受伤的小孩，但是现在发现可以换一种思路来看待这件事情。

咨询让他可以充分地表达情绪，对于困扰他很久的疑问也终于找到了答案。他知道和女朋友吵架的原因是他会拿自己的标准去衡量和评判对方，也理解了女朋友的不开心。

最重要的是他看到了自己真正的心意。一方面，他想要的是让这段关系变得更好,而不是停留在争吵中,甚至走向分手。所以,我们的对话也就从对关系的怀疑、对争吵的困扰,转化为如何经营好这段亲密关系。视角的转换、方向的改变让整个对话变得不一样。另一方面,他看到自己对女朋友的回应方式虽然不合适,但是他的本意是希望可以去关心和帮助女朋友,而不是去伤害对方。这份看见让我更加理解柏林,原来我所看到的他的言行举止并不是他的真实意愿,而是他想用自己的方式来表达对女朋友的关心。我因此转换了关注方向,而他也找到了让他们关系变得更好的面对女朋友的方式,可以更好地去表达自己,可以随时问女朋友可以为她做点什么。这样,既可以满足女朋友的需要,又可以化解自己的"不知道该怎么办"。

  柏林说,这个过程就像是在迷雾里找方向,原来不知道该怎么做,现在好像明白了,豁然开朗的感觉。他的总结好棒!即使受伤,即使身在迷雾中,依然没有停下探索的脚步,直到从表面看到深层,直到找到新的方向,为有文采、有智慧的柏林点赞!

情 绪 篇

我想要控制情绪

>好好沟通确实无效，但是吼会有效。吼完他们会停止念叨，会认真听我说话，也会重视我提出来的问题，好像在那个时候我的士气会更足一些，他们跟我说话的姿态也会变得更好，是平等，而不是居高临下。

（一）

寅俊说，平常跟别人说话的时候总是会不注意，因为情绪控制不好常常会突然爆发，不由自主地跟身边的人大声吼，说出不好的话。其实吼完的那一刻就会意识到自己做得不对，会马上去道歉，可是朋友还是离开了他，和女朋友也因此分手。所以他想要掌握控制情绪的办法，希望以后不再发生这样的事。

寅俊在谈及咨询议题的时候，涉及情绪、恋爱、和父母的关系、其他关系等不同的内容。

"如果此时此刻请你聚焦在一个主题，你更愿意谈哪个呢？"

"本来是想谈情绪，可是现在看来其实情绪和其他几个方面是混淆在一起的，互相之间有联系，我想先说说关系吧，也可以从恋爱开始。"接下来，寅俊开始讲述他和女朋友的故事。

"和女朋友从确定恋爱关系到分开，前后共两年时间。刚在一起的时候，感情属于升温期，双方交流都比较多，互相主动联系。在一起一年后交流变少，一开始我会主动去找女朋友，但对方会以各种理由拒绝交流，后来我也就习惯了。假期我们各忙各的，回到学校后再恢复正常。后来感情进入降温期，平淡、无力，好像有没有这个人都无所谓。第二年寒假回家后不到一个月就分手了，在分手前已经出现感情平淡的状况，或者说之后发生的事情只是分手的导火索。"寅俊梳理了和女朋友从在一起到分开经历的几个阶段。

"谈恋爱的时候我们两个人都爱打游戏，也常常是游戏中的搭档。打游戏的时候如果我输了，心情当然会不好。假如是因为女朋友的缘故导致输了游戏，情绪的火就会被点着，一般在那个时候会跟女朋友说出'走开、别过来'之类的话，当话出口的那一瞬间其实就已经意识到我不对，可是那时候已经晚了，我觉得这是和女朋友分手的原因之一。"

"就拿分手之前那次来说，当时我在游戏中一直冲关失败，女朋友就在身边说我，听到她念叨真的让我很烦，因为当时我已经很着急了，想要冲关又过不去，我没控制住自己就跟她大声说'我知道啦'，当时不光声音大，态度和语气

情绪篇

也不好,女朋友觉得我脾气不好,因此提出分手。后来我去找她道歉,但是没有和好。"

寅俊一下子说了很多,他情绪低落,言语间透着懊悔和无奈。

"你怎样来认识这件事呢?"

"我认为是我无法控制情绪,吼了对方,说了不该说的话。"

"很好奇,女朋友的那个'说'具体说了些什么让你的情绪被点着呢?"

寅俊有些犹豫,但最终他还是开了口。"她会说'你要这样,你要那样,你怎么那么笨,我是这样做的,我是那样做的',就类似这样的'碎碎念',一直讲一直讲,反复催。""碎碎念"是寅俊的口头语,可以理解为反复催促和不停地念叨。

"所以,这个'说'并不是我们通常所理解的说话的说。"

"对,如果是那样的话,应该也不会让我有那么大的情绪。"寅俊很确定地说。

"如果现在再听到'你要这样,你怎么那么笨,我是这样做的',你觉得你听到的是什么?"我重复这几句话,请他细细感受。

寅俊想了想,然后说:"我觉得是贬低和不相信。"

"可以这样理解吗?当你听到有贬低或不相信的话语时,你的情绪就会被点着。"

"好像是这样。"他有些惊讶地看着我,我猜这是寅俊之前不了解的。

"这样的情况多吗？"

"在一起的这两年应该有4次，第一年有3次，第二年1次，就是分手这次。"

"如果这么看，间隔时间似乎在拉长，次数也在减少。"

"对，我其实已经很努力地在控制自己。每次都是同样的情况，只是这次的结果不一样，前几次女朋友接受道歉和好，这次她提出分手，并且真的分了手。"看得出来此时的寅俊很失落。

（二）

"除了女朋友，跟其他人还会有类似的情况吗？"我小心地问，想看看寅俊的情绪是否有规律，毕竟他的目标是想要控制情绪。

他想了想说："跟父母也会有。高三的时候，我觉得自己已经很努力学习了，可是父母一样会催，会碎碎念，总是会说你看人家某某家的孩子，那么努力，考得那么好。某某家的孩子每天也在玩，可是人家成绩那么好。你看你每天都在房间里那么长时间，成绩还这么差，也不知道你在干什么。"

"当父母这样说的时候，你听到的是什么？"

"我觉得是怀疑、不信任。"这一次寅俊没有考虑太久。

"在这种情况下，你一般怎样来面对他们？"

"我说我已经很努力了，你们还这样，你们要是再说我就不'搞'（学习）了。不过他们不会罢休，还会继续，甚

情绪篇

至说出很伤人的话。这时候我不会吼,但是说话的态度和语气会不好。他们之所以这样是因为我的态度不好,跟他们顶嘴了。初中的时候也会顶嘴,只是那时候成绩好,各方面都好,那时候的我是别人家的孩子,所以父母不会说什么。"寅俊说到初中的他是别人家的孩子时,表情明显变得不一样,能看出他的骄傲和满意。

"我上高中后也想像在初中的时候一样,每天只要好好学习就行,可是后来发现,学校很好可是竞争也大啊。刚开始还好,后来发现无论怎样努力也赶不上前面的同学,慢慢地也就一点儿信心都没有了。高二分文理科的时候,按照学校的要求先分科再分班,因为成绩的缘故我从重点班分到普通班,普通班不光学习氛围差还有很多小团体,很不开心,学习成绩也直线往下落。如果按照分班前的成绩和名次,我可以上重点大学。但是因为分班后心态变得不好,越来越不想再认真学,后来再想学的时候又因为落下太多想追也追不上,导致高考成绩不理想。所以,直到现在对于高中生活仍然是很不喜欢、很厌恶。但是这些话我从来都没有跟别人说过,更没有跟父母提过,因为我觉得父母根本就不能理解我,反而会因为我的成绩不好整天念叨,对我各种不满意,也是因为这样和父母的关系越来越糟糕。"

"分班后成绩开始不好,父母的态度也随之发生变化,成了现在这样,和父母的关系也是在那个时候出现转折。他们骂我打我的时候,我会想打就打吧,没什么大不了,反正我自己知道我努力了，我知道自己的计划。"

寅俊说了很多很多，和过去几次咨询看到的他很不一样，但我知道此刻的他需要表达。就像他所说的那样，这些话从来都没有跟别人说过，更没有跟父母提过。

"这样来看和父母的关系有一个变化的过程，高二分科分班似乎是一个转折点。"

"对，在那之前一切都很好。也是因为这样，上大学后我一直在努力，希望可以有更好的成绩。我知道自己已经努力了，并且有自己的计划，可是他们并不理解。"

"你的努力、你的计划父母了解吗？"

"他们不了解，我觉得说了也没什么用。我要考研，对考研的准备也有自己的安排。寒假在家我白天已经学习一天了，晚上也从七点学习到九点，刚拿出手机玩了一会儿，父母看见后就说你不是要考研吗？怎么还在看手机？听到这些我就很不开心，所以不管他们说什么干脆把门关上继续玩，因为我知道自己想干什么。在学校，隔着手机屏幕他们是和善的父母，可是一到家就是碎碎念。希望父母不要一直碎碎念自己的孩子，要尊重孩子的想法和规划。"

寅俊的话让我很触动，也会联想到同样作为父母的我是不是足够了解自己的孩子，有没有什么时候也会让孩子感受到不被尊重和不被信任呢？如果我的孩子有机会跟他们的老师或小伙伴说说话，不知道他们会如何来描述和我这个妈妈之间的关系。寅俊的话让我有很多思考，也值得每一位父母

情绪篇

反思。

"我觉得和爸爸妈妈之间是既亲密又冲突的关系,发生的冲突并不是什么大矛盾,只是因为和父母之间有代沟,思考问题的角度不一样,都是一些一般家庭都会面对的矛盾,这些矛盾并不会影响我们之间的感情。只是爸爸妈妈总是碎碎念督促我要好好学习,每当父母这样我就会很不耐烦,虽然什么都明白,也知道该怎么做,知道该去学习,可是就是很烦。"

在寅俊的讲述中,我听到了矛盾点,既亲密又冲突,既有矛盾又有感情。

"我会好奇,你觉得父母不够理解你,还总是念叨你,这会让你很烦,甚至会发生冲突,可是刚才却说发生的冲突并不是什么大矛盾,只是因为和父母之间有代沟,思考问题的角度不一样,这些矛盾并不会影响你们之间的感情,听起来似乎有矛盾,你怎么看?"

他说:"我其实知道他们对我好,也很爱我,他们督促我学习也是为了我好,希望我有好成绩、有好前途,只是他们不够了解我,不够理解我,明明我已经在努力,他们看不到我的努力,只是一味地念叨。"寅俊说完便低下头。

"可以这样理解吗?你其实很清楚父母的心意是希望你更好,只是他们的表达方式、沟通方式不合适,没有看到你的努力。"

"对,不光看不到我的努力,还不相信我,也是在那时候就会有情绪。"

"父母爱你,这一点你很确定,只是在沟通中有怀疑和不信任时,你的情绪会被触发,好像和女朋友的碎碎念中有贬低、不相信时相似。"

"没错,就是这样。其实,我并不是一上来就有情绪,也会尝试去跟他们好好说、好好沟通,可是当我好好说了以后,他们还是不停地念叨、不停地说,这个时候我的情绪才会上来。"

"好好沟通并没有停止他们的念叨,是无效的。"

"确实无效,但是吼会有效。吼完他们会停止念叨,会认真听我说话,也会重视我提出来的问题,好像在那个时候我的士气会更足一些,他们跟我说话的姿态也会变得更好,是平等,而不是居高临下。"

"听起来当情绪被点着后也能够为你带来一些好处。"

"是,有的时候实在不想吵架就选择忽略,左耳进右耳出,或者把自己关在房间里,随便他们说什么。其实就是离开那个环境,在那个当下虽然他们还是不会停下来,但是至少可以减少不必要的冲突。"这一刻,我看到了寅俊在和父母多年相处中找到了可以让他避免与父母冲突的方式。

"在听到有贬低、不相信、怀疑的声音时,你尝试进行好好沟通,但沟通无效,反而在那个当下忽略、离开、吼是更有效的方式,你并不是一开始就直接进入这种无法控制的情绪中,而是在进行好好沟通的尝试无效之后选择的

情绪篇

办法。"

"对。在此之前我一直觉得我有问题,可是现在看来并不是,我不是无缘无故地有脾气、有情绪,其实情绪爆发也是有原因的。也不是随时都会有情绪,是在特定的情况下才有。不过,我刚才忽然感觉到,其实我只对比较亲近的人才会出现这种情绪,父母、女朋友都是亲近的人,对别人不会。"

"就拿这两天发生的一件事来说,我和学生组织中的一个学长产生误会,我觉得当时被冤枉了,那一刻也会有情绪,但是并没有出现对女朋友和父母那样去吼的情况。类似这样的情况,我会先去解释、表达我的想法,如果解释之后对方还没有什么变化,我只能选择左进右出地忽略,或者选择延迟表达(现在表达不清楚、解释不清楚的情况下,以后再找机会来解释)。"寅俊说"延迟表达"是他的自创词汇。

"这样看来,如何应对怀疑、不相信、贬低,其实你会在衡量之后做出选择,而不是随随便便就会有情绪。"

"可以这样说,不过我不想这样下去,想改变这种状态。我想知道当我对他们的情绪要爆发出来的时候,我是不是可以用其他的表达方式,我可不可以用其他方式来进行控制?"寅俊重新回到最初的主题,想要控制情绪。

"既然情绪爆发能给你带来好处,为什么想要改变呢?"我提出疑问。

"因为会伤害到别人，对亲近的人情绪爆发后会伤害到对方，会伤害到自己的亲人，而这种伤害会让我惭愧和后悔。"

听寅俊这么说我既意外又感动。看到他的善良，看到他对亲人、亲近的人的在意和爱和对他们感受的看重。如果不是善良和爱，他一定不会因为情绪爆发而后悔和惭愧。

"假设父母或者女朋友能够听到你说的话，看到你对他们的在意，为了他们不受伤害想要改变情绪表达的方式，你觉得他们会怎么想或者会对你说什么呢？"

"女朋友虽然已经不可能了，但是我想如果她知道我不是故意的，她有可能会原谅我吧。对父母，如果有机会的话，我想跟他们说这不是我的本意。"

（三）

"现在重新来看和女朋友分手，你觉得情绪占到其中的比例是多少？对于分手有什么新的认识吗？"

"之前觉得占80%~90%，但是现在认为情绪占50%，两个人在一起时间短、交流比较少，这些也都是原因。刚分手的时候我一直认为就是我的原因，是我的情绪问题造成的，可是现在我觉得分手是两个人的事情，我的情绪肯定占一部分，但不是全部，释怀了很多，轻松了很多。但是，对她造成的伤害无法抹去，所以我还是想了解情绪表达的其他方法。"

跟寅俊分享我对于情绪的认识和用过的方法。比如：情

情绪篇

绪暂停角。在家里可以选择自己的房间或选某个区域作为情绪暂停角,当觉察到情绪出现时,先回到各自的暂停角,5分钟之后再出来继续讨论事情,那时候的情绪就不会像刚开始那么强烈。也可以尝试告诉父母自己在意的是什么——更希望得到父母的理解和信任,希望与父母平等对话,希望不被贬低或冤枉,希望他们注意沟通时的表达方式和用语,这样父母会更清楚寅俊真正想要的是什么,从正面思考如何来跟寅俊进行沟通。当然,如果当时的情绪真的爆发了,可以针对情绪的表达方式向父母道歉,就像寅俊所说的那样,告诉父母那不是自己的本意。

寅俊可以将这些方法作为参考,最终还是要去找到适合自己的方式。他说都挺好,情绪暂停角当下就能用,跟父母表达歉意和沟通需要一个过程,他很想这样去做,只是眼下还做不到。

陪寅俊一起练习,如果真的情绪爆发,他可以怎样跟父母表达。经过反复练习后,他觉得可以和父母说:"我不知道该用什么样的方式来表达我的情绪,如果我的方式对你们造成了伤害,我对此表示抱歉,但是也请考虑一下我提出来的需要。"他觉得这样既能跟父母道歉,可以让自己的愧疚感降低,还可以请父母考虑他的需求。

"在整个咨询过程中有没有某一个点对你是有帮助的?"

"我终于知道我在什么情况下会情绪爆发,知道我为什么会这样,知道我在乎的是什么,如果出现这种情况该怎么办，找到了很多面对情绪的方法，比如：离开那个环境、延迟表达、忽略，当然还有情绪暂停、表达心意和歉意。总之，我是有选择的。我觉得最重要的是我理解了自己，同时也知道了面对情绪我是有选择的，不再那么无助。"

陪你看见自己

寅俊认为朋友离开他、和女朋友分手都是因为他无法控制情绪，所以他想要掌握控制情绪的办法。

和女朋友分手、和父母的冲突让他对自己的情绪有了更多更深的认识。他看到自己并不是无缘无故地有脾气、有情绪，也不是随时都会有情绪，情绪爆发是有原因的，在特定情况下才会有，是他在权衡之后做出的选择。无论是女朋友还是父母，当他听到有贬低、怀疑、不相信的声音时，当他进行好好沟通的尝试无效后，他的情绪就会被点着。他看到自己只对父母、女朋友这些亲近的人才会这样，对别人不会。看到分手其实并不完全是他的情绪问题造成的，也因此释怀了很多。

他看到自己在乎的是什么。当他看到和父母关系的转折和变化过程，看到和父母的关系既亲密又冲突，看到他们之间因为代沟、思考问题的角度不同、对他不够理解和相信所带来的矛盾和冲突，这些矛盾并不会影响他们之间的感情。同时他也看到父母对他的爱和好。即使看到情绪爆发给他带来好处，他依然想要了解控制情绪的方法，依然想要改变,看似矛盾,却可以看到他想要控制情绪背后的真实愿望是不想伤害他的亲人,因为这样的伤害会让他愧疚和后悔。在这个过程中,我看到他的善良和对家人的爱与看重。

他找到了一些面对情绪的方法。离开那个环境、延迟表达、忽略、情绪暂停、表达心意和歉意,看到这些方法让他觉得面对情绪他是有办法的,不再无助和无力。

原本以为寅俊只是单纯地想要探索情绪的表达方式,没想到背后的心意竟然是不想亲近的人受到伤害。我看到情绪爆发并不是他的本意,看到他的善良和在意,看到他愿意为了家人、亲近的人想要改变自己的心意和行动。感动的同时,寅俊的故事也让我重新去认识他,去认识每一个学生。

丰富情绪工具箱

> 当我和别人观点不同的时候，如果我认为我们的不同是客观事实，这时候我不会出现负面情绪。但如果认为对方是对我的否定和不尊重，就会出现一些想法，而这些想法是我不想要的。

当下最困扰田尚的是负面情绪，他认为只要情绪好了别的都会好。用他的话说，每次产生负面情绪的时候他都能明显感受到胸部有压抑和堵的感觉，这种感觉会对他产生冲击。还有那些不好的想法，他并不希望出现，但是他又不知道该怎么办，他想了解可以应对的办法。

"负面情绪有很多种，任何负面情绪都会出现这样的情况吗？"

"好像也不是。"

"最近一次出现的情况还记得吗？可以试试举一个具体的例子？"具体的例子总是会比概括性的话语传递出更丰富的信息。

情绪篇

"前两天上课时我和 A 在同一个小组，老师让大家看 PPT 并找出其中的一个知识点。A 不看也不找，可是当我按照老师的要求找到的时候 A 很不屑，他说的话甚至有嘲讽的感觉。我当时特别难受，我会想你不看就不看，不找就不找，别人找到了你看就行，你却还说风凉话。上实验课做实验的时候，A 一直不停地抱怨，听他抱怨我会很心烦。其实一个人挺好，因为一个人就不会有观点上的冲突。"

"当你和别人在观点上有冲突的时候会出现刚才说的负面情绪，是这样吗？"我试着问，似乎捕捉到了一个关键的点。

田尚想了想说："好像是，当我和别人观点不同的时候，如果我认为我们的不同是客观事实，这时候我不会出现负面情绪。但如果认为对方是对我的否定和不尊重，就会出现一些想法，而这些想法是我不想要的。这些想法其实是对对方有了评价，那个当下会习惯性出现评价，认为对方在否定我，在针对我，觉得这个人不好，而这些评价会让我很痛苦，因为这不是我想要的，我不想这样想，可是我又控制不了。"

观点、想法、评价、情绪，一环扣一环，觉察力和反思力超强的田尚已经看到了他习惯性的模式。

"刚才说同样的情况有的时候就不会出现负面情绪？"我想，不应只是陷入问题中，从例外情况看可能会有不一样的对话和方向。

"对，如果我仅仅认为我们是不一样的，是客观事实，而不是评价的时候,就不会出现负面情绪。比如:我和 A 我们两个人是不一样的,我会按照老师的要求去做事,而 A 可能不会。做实验的时候当我遇到困难时我会继续想办法完成,A 在遇到困难做不下去的时候可能会抱怨,这是我们两个人的不同,如果我这样来认识这件事我就不会有情绪,也会放松很多。"

我一直坚信,讲述会让故事得以表达,让故事可以流动,让故事被整理,在讲故事的同时事情会越来越明朗,也会有新的故事出来。

"当看到这一点的时候,你怎么想?"

"原来没有这么清晰,现在认识到会觉得很不一样。至少找到了一种面对负面情绪的方法,那就是可以换一种想法,去认识客观事实而不是评价,这样就会让我放松很多。只不过去认识客观事实真的太难了。"我不禁感叹田尚的反馈,确实如此,习惯性的认知和思维不是一天两天形成的,想要有所改变当然不容易。

"认识客观事实而不去评价,这对所有人来说都不容易,甚至需要刻意练习来不断学习和强化。"听我这么说,田尚也放松了些。

"在过往的经历中,当你出现负面情绪,有压抑和堵的感觉时,除了刚才提到的看到客观事实而不是评价,还有其他的方式来面对吗?"

"一般来说就是去想、去观察这个想法。但我觉得这样

情绪篇

没有用，因为我的想法本身就是一个评价，是一个不好的想法，对这个评价的想法也是不好的，所以不希望它们出现。更多的时候就是去接受，接受会让我好一些，不那么难受。不过接受并不是无条件、无原则的，而是认识到客观事实之后变得能接受了，比如当我看到网络上的一些评价时，一开始觉得很愤怒，但是后来发现因为人和人不同，所以有不同的评价也正常，这时候才会接受这个事实，所以也是在看到了客观差异的基础上的一种接受。"

"不过，面对不熟悉的人接受会更好用，但是面对父母、亲人这些重要关系中的人，还有每天生活在一起的舍友，就不太受用。因为冲突会反反复复出现，我能做的就是躲开、离开，这样也能避免冲突。"

当遇到观点冲突时，如果是不熟悉的人，先认识到客观事实再接受。如果是熟悉的人，可以离开或躲开，这些都是田尚认为有效的方式。

"当看到这些曾经用过的方法，你怎样看起初的那个'不知道该怎么办'呢？"

"其实我有办法，这些办法确实可以帮助我面对负面情绪，会让我觉得舒服。只是我想要找到更多更好用的办法，这样就可以有更多的选择。"

"此时此刻，我会联想到我拥有一个面对负面情绪的工具箱，这个工具箱中目前已经有了三种工具，看到客观事实而不是评价、在客观事实基础上的接受、离开或躲开。在此

181

基础上，我想要学习另外一种或几种工具，并在不断学习和丰富后把它们放进我的工具箱中，当面对不同的问题、遇到不同的情况时，我可以有选择地取出适合的工具来使用。"

陪你看见自己

田尚的困扰是他不知道该如何来面对负面情绪带给他的影响，他想了解一些可以应对的方法。

当他看到自己情绪的习惯性模式，即观点冲突—有评价的认识和想法（不希望出现）—负面情绪，看到同样的情况但并不会出现负面情绪的例外情况时，他找到可以应对负面情绪的方式之一，那就是改变认识，看到观点不同的客观事实而不是评价。再加上在过往经历中他曾经用过并且有效的两种方式，认识到客观事实基础上的接受和避开、躲开，他已经找到三种可以来面对负面情绪的方法。

他说，原本以为让他难受的是负面情绪本身，其实并不是这样，真正让他困扰的是不知道该如何面对负面情绪的无助和看不到希望的感觉。"工具箱"的概念和认识让他放松和开心，这一刻他会觉得产生各种不好的想法也不那么严重了，因为他除了已经有的几种方法现在就可以用，还可以找到其他方法来面对，哪怕现在还不知道这些方法会是什么，但是他已经看到了希望，这种希望感才是当下他最想要的。

相信每个人都有属于自己面对负面情绪的工具箱，只

情绪篇

是我们在遇到困难的时候习惯于向外寻找，其实或许那个答案已经在我们已有的箱子中，只是还没有被我们看到。

不再无力而是充满希望的田尚，不光看到了箱子中已有的工具，他还会继续探索，找到新的适合他的工具，并放入工具箱中，相信那个箱子里一定会有更多更好用的工具。

渐行渐远的难受

> 它离我近的话，我会难受，但是当我倒下的时候它能接得住我。如果离我远，虽然我不那么难受，可是它接不住我。接不住，我就会摔倒，会摔得很疼。但好像它还是想为我好的，它也比较为难，它不想走远，离得远怕接不住我。好像它也不确定跟我保持怎样的距离是合适的。

这是艺茹第二次来到咨询室，坐下后的她说还没有想好要说什么，在咨询室待着就很舒服，只要在这里就行。跟艺茹说她可以就这样静静地待着，等她准备好想说的时候再说就好。有时候，并不一定非要开口说话，或许在那个当下，她最需要的只是这份安静和陪伴。

五六分钟后，艺茹开口说："其实我有想说的，但是不知道该怎么说，觉得说了以后也不会有改变，所以说了也没有什么意义，但是现在很难受。"

听艺茹这么说，征求她的意见，看她是否愿意与我一起来试着看看这个"难受"？她点头同意。

情绪篇

"如果请你在这个屋子里任意选择一样物品来代表'难受',你会选择什么呢?"

艺茹环顾整个房间后,目光停在座椅旁边的置物架上,她起身在架子上选择了一个毛茸玩偶,问:"可以选择它吗?"

"当然可以。"我回答。

"假如请你给'难受'也就是这个玩偶起一个名字的话,你会叫它什么?"

艺茹低头看着玩偶,一边想一边说:"就叫它楠楠吧,木字旁的楠。"

"好,楠楠。现在请你感受一下,此时此刻楠楠在你的什么位置?你可以把它放在你认为合适的位置。"

她想了想说:"它在我的后面,很近,能感受得到,但是我看不见它。"说完,她把楠楠放在了她身后的椅子上。

"你觉得它在后面做什么?"

"它在和我做一样的事情,我站着它站着,我坐着它也坐着,当我难受的时候它也在难受。"艺茹的回答非常流畅,似乎已经适应了这样的问话。

"当它看到你难受时,它会对你做些什么呢?"

"它会伸出手拥抱我。"

"那你会怎么回应它呢?"

"我会握着它的手,但是什么也不会说。"艺茹每次都不会说太多,我们的对话依然是一问一答。

"你觉得假如楠楠会发声,它会说话,当你难受的时候它拥抱着你,你握着它的手回应它的时候,它会跟你说点什么?"

"它会说至少我会陪着你。不过,我还是什么也不会说,但是我会觉得它是我的依靠。"楠楠对于艺茹来说发生了变化,成了她的依靠。

"当你有了楠楠作为你的依靠时,你感觉怎么样?"

"我觉得没有那么难受了。"听艺茹这么说,我觉得很意外,但是很开心,说明此刻的对话对艺茹是有帮助的。

"之前有没有过什么时候也是楠楠陪伴你一起度过的?"

"有呀,很多。"艺茹很确定地说。

"上高中的时候,学校的班级分为三种,重点的重点班、重点班和普通班,高一我在重点的重点班,当时觉得班里不好,具体原因就不说了,那时候听不进去课导致跟不上课程,学习压力很大,总之就是待不下去了,所以主动提出换到重点班。当时大家都说是原来的班级不要我了,但其实是我主动申请调走的。那个时候全校就只有我一个人发生变动,一开始特别难受,一两个月以后慢慢地也就好了,不在意了。除此之外,还有一件更难受的事情,也是发生在高中,不过都过去了。"艺茹欲言又止。

"也就是说,在你最难受的时候,都是楠楠陪伴着你度过的。"

"是。"她点头表示赞同。

"现在的你觉得楠楠对你产生的影响是什么？"

"肯定有不好的影响，因为它本身就是难受嘛。但现在看来也有好的影响，因为它会陪着我。"

"假如楠楠听到你说是它陪着你度过最困难的时候，你觉得它会怎么想？"

"它会很开心吧。"艺茹微笑着说，这是我第一次看她笑，发现她笑起来真的特别好看。

"此时此刻你感觉怎么样？"

"我觉得楠楠离我远了一些，但是它会不高兴，因为它觉得我不要它了。"

"好像当楠楠离你近的时候你会难受，当它离你远一些时你会不那么难受，但是它会认为你不要它了，会因此而不高兴，是这样吗？"

"对，是的。它离我近的话，我会难受，但是当我倒下的时候它能接得住我。如果离我远，虽然我不那么难受，可是它接不住我。接不住，我就会摔倒，会摔得很疼。"艺茹停在这里，十几秒后，她接着说，"但好像它还是想为我好的，它也比较为难，它不想走远，离得远怕接不住我。好像它也不确定跟我保持怎样的距离是合适的。"看起来艺茹像是在自言自语。

"假如楠楠现在问你，你希望它跟你保持一个怎样的距离是你比较满意的呢？"我试着问。

艺茹沉思片刻后说："其实我也说不好，可能现在这样就可以，我遇到困难的事情时就离我近一些，平时就离得远一些，毕竟我还希望它能随时接到我。但是肯定不会一直那么近，因为再也不会出现比高中更难的时候了。对，现在比起那时候并没有那么糟糕，所以它一定会渐行渐远。现在它离我近，它在随时准备接着我；可是当我眼下的困难过去后，它自然就会远离我。"艺茹的想法在诉说中越来越清晰。

"当楠楠听到你这么说，它会怎么想呢？"

"我想它会高兴，高兴的是我看到了它对我的意义；也会不高兴，毕竟还是要离开，但是不高兴就让它不高兴吧！"

说这句话时，能感觉到艺茹是有力量的。那一刻，我觉得她已经做好了楠楠离开的准备。

"今天的对话让你对楠楠有了不同的看见和理解，不知道现在再去看它会有哪些不同的感受或想法？"

"我觉得很明显不那么难受了。我看到它其实是为我好，困难的时候也是它在陪着我度过，并且现在的困难和过去相比并没有那么糟糕，再难也没有那时候难，更何况楠楠还会一直陪在我身边。"艺茹开始出现笑的模样。

"如果此刻再去看楠楠的位置，你觉得会有变化吗？"

艺茹转过头把楠楠拿到她的身前，说："就放在这里吧，我现在可以看见她了。"

临走之前，艺茹问我是否可以给楠楠拍照。她说她想有一个和楠楠一模一样的玩偶。看着她开心地拍照，放回架子上的时候还依依不舍地来来回回摸了好几下楠楠的头。我想她已经知道该如何与楠楠和谐相处了。

陪你看见自己

虽然我并不知道艺茹曾经经历过什么，此刻的她正在经历什么，但我知道她一定是遇到了困难，只是对于这个困难她还没有准备好要怎样应对。是否表达、什么时候表达、怎样来表达，这一切一定是由她来决定的。我能做的就是尊重她的意愿和节奏，因为讲述生命故事本身就是不容易的。每个人可以说出自己的故事是需要做好准备的，并不能勉强。

艺茹觉得在咨询室待着就很好，我想那一刻她需要的或许只是一个安全的、自在的空间，我能做的只是安静地陪伴。我更多时候都在做这样的工作，不同的是在那一刻的陪伴不是通过有声的语言。

通过外化把人和问题分开，原本的艺茹是难受的，现在艺茹和"难受"不再被混在一起。富有想象力的她给代表难受的玩偶命名为"楠楠"，艺茹看到楠楠带给她难受的同时，也带给她积极的影响；看到楠楠原来是在为她好，一直以来陪她度过最难的时刻，随时准备接住她；看到她所期待的和楠楠的距离和关系是怎样的。这所有的看见和认识让她和楠楠之间的关系发生变化，让他们可以更和谐地相处。

当艺茹把楠楠放在面前时,当她离开时对楠楠依依不舍,我想楠楠也感受到了主人对它的看见,它应该会很欣慰吧。我猜它也一直期待主人可以看到它的存在和心意,希望得到主人的理解和关照。

想跟艺茹说,她笑起来真的很美。当可以看到楠楠的陪伴和对她的好时,在未来的日子里,艺茹一定会笑得更多更灿烂吧!

焦虑的开关

> 以前，我一直希望自己始终保持学习的状态，觉得那样才是好的，那样才算是努力。但现在看来其实始终保持有冲劲儿的状态不太可能，要接纳自己有休息、放松，甚至是娱乐的时间。哪怕考研再重要，人的大脑也不可能一直处于紧绷的状态，不然迟早有一天会崩掉。

佐伟就读于大学三年级，现在的他明确考研目标并开始复习备考，在复习过程中出现焦虑。他想知道如何让头脑一直保持清醒，怎样能让焦虑离开。

"可以多说说焦虑吗？"

"2月开学开始准备考研，刚开始找到节奏，着手看高等数学的教学视频和教材，但是速度比其他同学要慢一些，同学们有专门的讲义、教材和视频，可是我没有。那个时候开始意识到我原本想按照教材来复习的计划和步伐是错的，所以在网上购买了讲义，但是没想到现在讲义滞留在其他城市，不能按预期到达我手中，从那之后就开始慌了。"

● 看见闪闪发光的他们

"现在开始复习,我每天下午一点到六点状态很好,这个时间段用来学习。晚饭后也会去自习室,一直学习到晚上十点回宿舍。可是上午头蒙蒙的,注意力不容易集中,学习效率很低。别人都在教室学习,我在教室泡着也是浪费时间,所以干脆上午就不去。"

"看到别人在网上说如果要考研每天需要学习多少个小时,我觉得我学习的时间很短,这一点很困扰我,可是又改变不了。"

佐伟语速很快,明显能感觉到他的着急。不能如愿拿到讲义和学习时间短都带给他焦虑,询问他想先来看哪一个?他选择先看学习时间。

"假设你对学习时间的安排完全满意,那是一种什么样的状态呢?"

佐伟想了想说:"每天无论是上午、下午还是晚上的时间都可以充分地利用好。"

"可以充分利用好全天时间。如果以目前学习时间的现状来看,怎样调整或者怎样安排可以更接近这个目标呢?"

"其实下午和晚上还好,我很在意上午的时间用不上,得重新订一下计划吧。原本安排在下午和晚上复习的内容中有一些对我来说比较容易的,可以把它们调整至上午,需要更多用脑的内容放在下午和晚上。比如我大二已经复习过考研英语单词,基础比较好,现在只是需要再次巩固和强化,我可以把这些已经有基础的内容放在上午。像数学、专业课

情绪篇

需要学习的公式和概念,也可以放在上午,但是做题的部分要放在下午和晚上,这样也就不再是问题了。"

其实,答案就在佐伟心中,只是被焦虑情绪淹没的他无法梳理出来而已。尊重他的感受,他说不再是问题就不是问题。

"还有一个难题是如何能让头脑清醒而不是一直迷迷糊糊。"佐伟紧接着提出下一个主题。

"很好奇,如果你可以保持头脑清醒而不是迷迷糊糊,那样的你和现在的你有什么不一样呢?"我想知道佐伟心目中的头脑清醒具体是一个什么样的状态。

"如果可以做到,那我在学习的时候就不会有任何其他想法,即使有干扰也不会分散注意力,可以一直集中精力在学习上。不会像现在这样完全不在状态,好像在外面神游一样。"佐伟并没有太多思考,其实他很了解自己的状态。

"从 2 月开始复习到现在,清醒和迷糊分别在什么情况下出现?分别占多大比例?"

"老师,我有写的日记,我可以查一下。"佐伟一边说着一边从外衣口袋里掏出手机,翻出备忘录查看。

他边看边说:"拿这个月来说,1-10 号的状态很好,冲劲儿也很大;11-14 号就特别不在状态,不过现在又好了。"

写日记是佐伟非常好的习惯,帮助他记录、回忆和梳理生活状态。不光如此,后面也会看到日记对他来说是最有效的调节情绪的方式之一。

"好像11号和14号是两次转折点，那两天发生了什么事情吗？"我相信转折不会毫无缘由地出现。

"11号那一天，我在快递信息中查到网上订购的讲义不能到我这里，什么时间可以到也未知。我能明显感觉到自己开始焦虑、慌，本来打算讲义、教材和视频一起复习，但是那一刻觉得之前都白学了，没有讲义，计划都被打乱了，也很浪费时间，越这样想就越觉得黑暗。这种状态一直持续到14号，特别难受。"

"14号下午我去学校湖边坐了一会儿，看了会儿书，看到阳光、花儿，心情就好多了，感觉状态又恢复了，跟前些天相比像是变了一个人一样，只要度过这段时间就会好。以前也出现过类似的情况，不好的情绪持续三四天后，洗个澡、去操场待会儿，或者写诗、写日记，晚上去学校湖边看湖水、看月光，心情就会好很多。"

听佐伟这么说，我对坐在对面的这个男生有一种不一样的感觉。也会想到每次在上课的时候，都会邀请学生们写出对他们来说调节情绪的有效方式，大家更多时候会写听音乐、运动、倾诉等，很少有人提到看湖水、看月光、看花儿，我也更确信每个人都有属于自己的能力和方法，而这些方法只属于佐伟。我又学到了，有机会也想试试看。

"好像你可以觉察到自己什么时候会焦虑、会慌，也清楚这种状态会持续三四天，然后通过洗澡、写诗、写日记、去湖边等方式让自己好起来。"我总结佐伟的信息。

"对,之前也有过。大二准备考英语六级那段时间,上午中午晚上一整天都是一个人去教室学英语单词,实在学不下去的时候会焦虑、烦躁,那个时候更严重。但是当时还没有意识到用刚才说的这些方法来调节,只不过会有意识地去思考该怎么办?"

"那时候开始有了想办法应对的意识,什么时候开始有这些觉察呢?"

"应该是从这个寒假开始,原来一个人在房间里只是看剧或者看小视频。这个假期我开始看书,不是看和专业相关的书,而是看文学作品。先是小说,然后是散文,发现散文可以让我变得很轻、很静。写诗、写日记也是从这个时候开始受到阅读的启发才有的尝试,但是对我来说很有效。"

一边听佐伟讲一边感叹,学生才是自己问题的专家,学理工科的他竟然可以通过阅读文学作品、写诗、写日记、赏湖赏月这样诗情画意的方式来面对他的负面情绪。

"无论是备考英语六级还是准备考研的过程中,你都遇到了焦虑、烦躁的情况,但是你在积极寻找应对方法,并且发现阅读文学作品、写诗、写日记等等可以有效地帮助自己。那重新回来看眼下的考研焦虑,你有什么新的想法吗?"

"焦虑没有办法根除,也避不开,这是考研过程中必须要承受的,必然会跟随一段时间,但无论如何一定还会再回到原来的状态。"

佐伟对焦虑有了不一样的认识，从不想要焦虑到认识到无法避开和根除焦虑，也相信状态一定会恢复。

"假如'焦虑'会说话，当它听到你这样说，你猜它会跟你说什么？"

佐伟听到我的问话，有些吃惊，他说："它可能会说，已经努力很长时间了，你可以让自己休息一下，我来的时候你就可以安静地放松。"稍有停顿后，他接着说，"以前，我一直希望自己始终保持学习的状态，觉得那样才是好的，那样才算是努力，但现在看来其实始终保持有冲劲儿的状态不太可能，要接纳自己有休息、放松，甚至是娱乐的时间，哪怕考研再重要，人的大脑也不可能一直处于紧绷的状态，不然迟早有一天会崩掉。也是因为这样，我才觉得焦虑就不应该存在，因为它一出现就会影响我，让我不能按照预期始终保持学习的状态。"

听佐伟这么说，我的心情很复杂。或许直到此刻我才对他多了一些了解，我猜始终要求自己保持学习状态的佐伟一路走来一定很辛苦、很不容易吧。同时，焦虑的表达让我很受触动，它似乎看到了佐伟的辛苦和不容易，它的出现或许是在关照它的主人。

"可以这样理解吗？你现在对焦虑的认识发生了变化，原来认为焦虑的出现只会让你的状态受到影响，不能全身心投入学习，可是现在看到焦虑也是在提醒你要适当休息和

情绪篇

放松。"

佐伟点点头，说："确实是这样，以前想的是让它离开，可是现在看来我需要它，它不光是提醒我休息和放松，其实也是在提醒我看一下是否需要调整计划和安排。这次焦虑是因为考研讲义不能按时送达，导致学习计划被打乱的时候出现的。所以，焦虑也是在提醒我重新调整计划，比如先在网上购买电子讲义，这样可以先复习，边复习边等待讲义送达。之前提到要调整复习的时间，这是在调整计划。所以，焦虑好像是提醒我休息和调整的开关。"

焦虑是提醒佐伟休息和调整的开关，真好！不由得赞叹他的智慧。此时此刻，他看到了焦虑的出现带来不一样的功能和意义。对焦虑的认识发生了变化，他和焦虑之间的关系自然而然也发生了变化。

"当可以看到焦虑提醒自己休息和调整时，你想对焦虑说点什么吗？"

"想谢谢它吧，谢谢它可以及时出现来提醒我，也谢谢它在我休息好或者调整好后离开。"

"假如焦虑听到你对它的感谢，你猜它会怎么想？"

"我觉得它会骄傲。"佐伟笑着说，"开个玩笑，它一定很开心，毕竟我看到了它存在的意义和价值。"

"接下来考研复习的过程中焦虑还会出现吗？"考虑到佐伟的考研复习才刚刚开始，想往前走一步，希望他对之后的复习有心理准备。

"肯定会的,肯定还会出现节点被打乱、计划被打破的时候,但是那种状态不会一直持续下去。"焦虑一定会出现,但不会一直存在,这是佐伟现在对焦虑的认识。

"如果焦虑再次出现,带着对焦虑不一样认识的你,会如何来面对它?"

"我有自己的复习计划,我就按照我的节奏来复习,不去和别人比较。状态好的时候就按计划来进行;如果突发状况出现,焦虑的开关打开了,那就把书放在一边,停下来休息,先放松一段时间,放松的时候就用我觉得有效的那些方法,等着重新回到状态好的时候再继续学习。"此刻的佐伟轻松又自然,我的心也跟着放下来。

陪你看见自己

佐伟有清晰的目标。他想充分利用好全天的时间来复习,他想让自己时刻保持清醒的学习状态。

写日记的习惯让他清晰地看到两次情绪变化的转折点,看到情绪状态的变化规律,梳理出对于他来说有效的调节情绪的方式——阅读文学作品、写诗、写日记、赏湖赏月,这些方式是他通过一次又一次实践验证过的属于他的有效方法,这也是他特有的在地性知识。

通过外化焦虑,请佐伟与焦虑对话,让他对焦虑有了不一样的认识。不光看到焦虑对他的消极影响,也看到焦

情绪篇

虑对他的积极影响——提醒主人休息和放松,提醒主人调整计划和安排。同时,当焦虑的功能和意义被主人看到后,他们之间的关系也随之发生了变化。他知道焦虑不会消失,也不能消失。他对自己状态的认识也发生了变化,他意识到不可能随时处于紧绷的状态,他需要焦虑的提醒,需要休息和放松。双方似乎已经达成默契,焦虑的开关知道该什么时候打开,什么时候关上。

两年后,再次有机会和佐伟对话,这时的他已经参加工作。他说,咨询结束后一直到那年暑假依然在复习考研,但是最终没能坚持下去。现在重新回头看那一段经历,他看到当时自己对考研的选择其实受到周围环境的影响,也经历了备考期间的焦虑,还有放弃考研后想要重新来认识自己的反思。他说,焦虑的开关依然在,只是在经历考研的历程后这个开关会提醒他时刻审视自己前进的方向,对自我要有更明确、更清晰的认识。

我始终相信学生才是最了解自己的人,他们有属于自己的能力和智慧。想跟佐伟说,无论是考研还是工作,你的选择一定是当时对你来说最好的选择,请相信自己。

# 行动篇

嘿，你先等我一会儿

> 以前这样的负面情绪出现的时候，担心、着急就像囚笼一样笼罩着自己，像被无数藤蔓缠住了一样，会停留在心里的某一个位置，动不起来，走不下去。但是现在即使这些情绪都在，即使还是会受到影响，但是仍然会继续往前走，仍然会让自己动起来，这是我变化特别大的地方。

讨论行动力主题时，兴武得出的结论是要去行动。在过去的这一周时间里他落实得怎么样呢？他说每天学习英语单词坚持得最好，其他方面真正付诸行动的事情虽然不是很多，但是在心态方面有了很大的变化，行动力自然变得不一样。

"可以多说说不一样吗？"好奇兴武的不一样具体体现在哪里。

"举个例子来说，其实这两天发生了好几件不顺心的事情。正在参与的项目因为我的粗心大意，没有完全按照操作流程执行，导致数据出现问题。老师推荐我参加的比赛结果出来了，并没有获得理想的名次。女朋友在一天时间内跟我生气两次。这些事情加在一起，一大堆负面情绪扑面而来。如果放在以前，我会极度难受，特别沮丧和失落，其他的事情什么都不想做。但是现在我发现自己也会着急，可是没有那么多沮丧和失落，也没有惊涛骇浪、如临大敌的感觉，取而代之的是淡然了很多，变得更平和。出现这些状况甚至会笑着跟自己说'唉，这就是生活吧'。虽然会着急，也还会有情绪，但是不会因此停下来，会去做该做的事情，比如该怎么陪女朋友就怎么陪女朋友，该怎样做项目还继续做项目。可以做到以更平和的心态去解决问题，去做事情。"

"刚才的例子中体现出来的心态与行动和变化前不一样的地方是什么呢？"我请兴武对刚才的信息进行提炼和总结。

"以前这样的负面情绪出现的时候，担心、着急就像囚笼一样笼罩着自己，像被无数藤蔓缠住了一样，会停留在心里的某一个位置，动不起来，走不下去。但是现在即使这些情绪都在，即使还是会受到影响，但是仍然会继续往前走，仍然会让自己动起来，这是我变化特别大的地方。"

"依然有困扰的事情，依然有情绪，以前的你会因此停滞不前，但现在的你会继续往前走。"

"对，是这样。"兴武说。

"很好奇是什么让你产生这样的变化呢？"

兴武说："我也不确定，但我常常会想到在咨询中老师用到的问话，遇到事情的时候我也会不自觉地模仿着问问自己，好像也挺有趣。"

"可以举个例子吗？"我也很想知道有趣的问话是什么。

"怎么说呢？比如我在背单词的时候很想看手机。如果是在以前，我会很自然地拿起手机，单词也就被放在一边了。可是现在，想看手机的时候就会觉得有一个小精灵在拉我，它硬要拉着我去看，这个时候我就会跟它说'嘿，你别拉我，让我先把单词背完再看'。然后就真的可以做到先把单词背完，也就是可以先把重要的事情完成再去做其他。"兴武惟妙惟肖地演示给我看，他和小精灵对话的场景就像是在我的眼前一样真实。

"听你这样说，我也觉得好有趣，也跟你学了一招。下次如果我遇到这样的情况，我也可以跟我的那个小精灵说，嘿，你先等我一会儿吧。"

那一刻，我是真的很惊叹，兴武可以有这样的智慧来找到适合自己的方法。惊叹之余，我也确实学到了，因为这样小小的、好用的办法对我而言也一样很受用。

听我这样说，他嘿嘿一笑说："真的吗？老师。"看得出来他是真的惊讶，也很开心。

这确实是我的真心话，这份工作不仅让我有机会去看到别人不一定能看到的学生的样子，也让我从学生身上学到太多太多。

"所以，和那个小精灵的对话可以让你先完成重要的事情。"

"对对对,这样其他的也就不那么重要了。不过,虽然在行动力方面有改善,但我还是觉得不够,想看看时间可以怎样规划得更好。比如平时除了学习还有很多工作要做,我意识到写工作记录非常重要,下次再遇到类似的工作可以方便查看,这样就会节省很多时间,但是并没有这样去做。类似的情况还有很多,我能意识到这些技巧,但是我却没有行动。"

"你想要去看的是意识到自己需要做什么,但是没有行动?"

"对。"

"你怎么看这一点呢?"

"因为不做更舒服、更轻松吧。"

"你觉得不做更舒服、更轻松,可是现在却希望去做事、去行动,听起来似乎是矛盾的。"

兴武想了一下说:"不做就不用写记录,表面看起来是轻松,但其实并不是。一遍一遍做重复性的事情既给工作带来不方便,又浪费时间,更痛苦的是没有做事情带来的内疚和后悔。做就意味着需要花费很多时间和精力来写记录,做事情意味着改变,也可能会产生痛苦。这么说的话做或者不做都不轻松,都会痛苦。还是要做,因为不做会更痛苦。"最后一句话兴武像是说给自己听一样,"还是要做"是他权衡后的选择。

"当看到做和不做都不轻松,你最后的选择是去做。那我们回到刚才的话题,现在的困扰是虽然意识到有很多技巧,但是都没有去做,这些技巧都是自己想要做的事,对吗?"

"对。"

"你愿意把那些意识到的、想要去做的技巧都写下来,我们一起来看看吗?"还是想要回到兴武的生活事件中去看具体的内容。

"当然愿意。"他说。

我把纸和笔递给兴武,看着他在纸上一气呵成地写下了以下内容:

1. 写工作记录;

2. 把在生活中遇到的人际交往问题以及处理方式记录下来,以后遇到类似的事情可以参考;

3. 做流程性强的工作时要严格按照流程一步一步来,不然如果其中某一环节出错就要从头再来;

4. 跟别人沟通事情时,要先想好怎么说更合适,必要的时候可以问一下其他人,看看有没有落下一些细节;

5. 发通知前一定要请同学先看一遍,看通知内容是否有歧义;

6. 举办活动时可以提前把消息告知同学,先看看大家的反应,在具体实施过程中再适当进行调整;

7. 遇到事情千万不要慌张,因为万事都不例外,只要你

● 看见闪闪发光的他们

找到恰当的人就有可能有转机;

8. 抽时间和朋友们聊聊天。

接下来,和兴武一起依次来看纸上写下的每一条内容。

"第一条,写工作记录。这里的工作指的是什么?"

"我在班里和学院都有任职,还在参与一些科研项目,目前来看这几个方面的事情都算是工作。"

"如果进行记录的话,你打算通过什么样的方式来记录?"

"手机备忘录吧,比较方便,因为随时都会带着手机。"他一边说一边举起手机示意给我看。

"记录打算用语音还是文字的形式?"

"文字,因为语音有的时候不太方便,但是文字可以随时随地记录。"

"记录的时间有安排吗?"

"应该是随时记录,不过每天晚上需要进行整理。"

"晚上什么时间进行整理?"

"得在九点四十以后,八点半要学单词,九点四十以后在电脑上用大概 20 分钟的时间来进行整理。"

"怎样能保证九点四十可以按时整理呢?"

"可以给手机设置一个闹钟提醒,现在就设好。"兴武一边说着一边打开手机,低头设置手机闹钟,其实他设置闹钟的这一瞬间就已经是行动的开始,我把这一点反馈给他。

"想要记录的是什么呢?"

"比如今天做了什么工作,遇到了哪些问题,解决的方法是什么，还有哪些问题有待解决。"

"现在重新看写工作记录这一条时，有什么新的想法吗？"

"从来没有想过可以把每天在头脑中跑来跑去的这些想法——写下来，这样呈现出来会更清晰。刚才的这些问题会帮助我把时间、方式、内容等细节逐一确定好，比起原来只有一句'要写工作记录'更具体、更容易去行动。"

以同样的方式，陪兴武一起去看每一条内容。明确哪些是流程性强的工作，需要沟通的人是谁，沟通什么内容，可以提前去问的人又是谁，需要发的通知有哪些等。

梳理完毕后，兴武意识到只有第一条工作记录和第二条人际交往的记录是目前对他来说最重要的，需要落实在行动中。其他都是一些时刻需要去提醒自己的经验，并不需要去做什么。并且关于工作和人际交往的记录有相似的地方，都是记录，只是两个不同的方面。这样每天的记录可以分为两个方面，一方面是生活记录，另一方面是工作记录，按照刚才梳理记录工作的方式进行就可以。

第八条抽时间和朋友们聊聊天，是因为兴武自从谈恋爱后，几乎所有的时间都是和女朋友在一起，很少有时间跟朋友们聊天。这同样是一种提醒，提醒他以后要跟朋友们多沟通，因为这是他想做的事情，能够带给他快乐，满足他的需要。

● 看见闪闪发光的他们

陪你看见自己

通过咨询，兴武意识到他需要去行动，带着行动的意识在学习和生活中进行尝试后，与小精灵对话让他可以先完成最重要的任务。这些尝试和实践让他在心态和行动力方面都有变化——面对困扰的事情和负面情绪，以前的他会因此停滞不前，但现在的他会继续往前走。

兴武想更好地规划时间，意识到自己需要做什么，但是没有行动。他在总结的时候说，原来只是觉得自己动不起来，当写下这些内容并把每一项都具体化进行梳理之后，才清晰地知道他想要做的事情是什么，可以如何去做，怎样落实到行动中，将想法变成具体的行动方案。接下来，他想要开始做的第一件事就是写记录，因为这是目前对他来说最重要的、也是最想做的事情，可以提高工作效率，也可以更好地管理时间。

兴武通过不断地觉察、反思、行动来进行尝试、验证和探索，这样的意识和决心，让他一步一步接近他想要实现提升执行力、更好地管理时间的目标。

我们往往会倾向于去树立一个模糊的、不清晰的目标，这样会导致我们缺乏行动力。如果有类似的困扰，也许可以像兴武一样，试一试将头脑中的想法转变为可以落实的、具体的、可衡量的行动方案，剩下的就是行动了。

我想梳理自己

> 注意力不集中是表面的，冷淡、不热情也是表面的，深层次的是注意力不集中导致什么事情都做不好，也就什么事都不想做，最后自暴自弃。

刚刚结束的周末，苒洛因为身体不舒服，一直在床上躺着。这让她觉得自己很颓废，也不记得最近做了什么，好像一直以来都是浑浑噩噩的状态，但是静下心来想一想，感觉又做了很多事情。

周末和苒洛一起在宿舍的还有一个舍友，舍友平时也不爱出门，苒洛会不自觉地与舍友进行比较。舍友不爱学习，学习成绩没有她好，但是舍友的精神状态要比她好很多，对待别人很热情、很阳光。舍友有喜欢的明星，她很愿意与别人分享，听她讲完后的那些人最后也会熟悉并喜欢这些明星。虽然苒洛也有她的喜好，但无论是游戏还是画画，总觉得都是比较小众的爱好，所以也不会去跟别人说起，她认为没有多少人会喜欢她的爱好。基本上都只是自己做自己的事情，很难融入别人，即便有机会和他人在一起也没有什么话可以讲。

最近的生活状态和所有这一切都让苒洛觉得看不清楚自己，让她胡思乱想，她很想好好梳理一下。

"如果用一个词来形容近来的状态，你觉得是什么？"

苒洛讲述的内容涉及面多，有些散，我和她都需要从中捋出来一个此时她更需要也更愿意聚焦的点。

"注意力不集中。"我很好奇，听起来似乎和苒洛的主题没有什么关系。她补充说，"注意力不集中是表面的，冷淡、不热情也是表面的，深层次的是注意力不集中导致什么事情都做不好，也就什么事都不想做，最后自暴自弃。"

"可以举一个例子具体说说吗？"

"我是兼职网络画师，上个月刚签了一张画稿，但是当时课业比较重，对人物也不满意，双重原因下决定放弃画稿。可是后来又想如果我不画这个人物就没有人画，所以这个月又重新捡起来继续画。其间还需要准备计算机能力竞赛，已经报名参加，但是还没有时间好好学习。这个月又在考虑画画册的徽章，然后开始构图，但是构图并不如意，心烦意乱，导致错过计算机能力竞赛的时间，感觉自己三心二意，什么事情都做不好。"

我对苒洛提到的网络画师很感兴趣，便请她帮我讲一讲，她耐心地帮我介绍。很佩服她可以把自己的爱好发展成可选择的职业，并且在上学期间已经可以靠专业能力获得一份收入。

在苒洛讲述的过程中我看到她目前并非单一的身份和角色,不知道这是否与她提到的注意力不集中有关系呢?我想试着看一看。

"你目前承担的角色有哪些?或者说需要你付出时间和精力的角色有哪些?"

"学生、两个和书画有关的社团成员、网络画师、游戏玩家。"苒洛一一说。

"如果请你按照最喜欢、最愿意做、也最愿意分配时间和精力来对这几个角色进行排序,你会怎样进行排序呢?"

"网络画师、学生、游戏玩家、社团成员。"这是苒洛认真思考后的结果。

"你怎么看这个排序?"

"网络画师是我的兴趣爱好,我把画好的画放在网络上,如果有人可以看到并且点赞或者给予我其他的反馈,这会让我更有价值感和存在感,还可以交到有同样爱好的朋友。"

"学生是我最重要的角色,学习对我来说非常重要,现在大学生毕业后找工作并不容易,所以我要学习、要考试,也要考研,并且家人也很支持我考研。"

"参加社团和玩游戏是为了在学校可以交到志同道合的朋友,好的游戏无论是故事、人物还是声音,在我看来都像是艺术品一样,也会去选择其中的人物作为绘画的对象。目前同时玩的游戏有三个,每个游戏每天差不多玩20分钟。"

"把游戏当成艺术品来看,我觉得很有趣,我可以看看你的画吗?"我试着问苒洛。

"当然可以。"苒洛很开心,她拿出手机开始翻找,找好后把手机递给我看,她说这是她参加画集的画,是正在玩的一款游戏中的人物。

虽然我并不懂画,可是看到苒洛的作品,我仍然觉得她画得很好。尤其是看到她给我介绍她的作品时轻松、满足的样子,我能确定这是她热爱的事情,我由衷地表达了我的赞叹。

听到我的回应苒洛有些不好意思,她接过我递回的手机,怯怯地说:"我从来没有参加过系统的专业学习,都是自学,所以基本功差一些。"

与此同时,苒洛跟我分享正在热播的电视剧中女主人公就是漫画师,剧中有手游公司与漫画合作一起来创作游戏人物和游戏的剧情。说到这里,她停顿了一下,像是有新的发现一样,她说:"这样看来,其实我喜欢的画画、游戏、社团都有共同的地方,好像我投入在这里的时间和精力比学习上多得多。"

"无论是网络画师、学习,还是参加社团、玩游戏,对你来说都很重要,如果时间和精力的总分值是10分的话,你理想中分配在这几件事情上的时间和精力分别是几分?"

苒洛思考了一下说:"5、3、2吧,学习应该最多,占到5分;游戏和画画占3分;其他的是2分。"

"那现实的情况呢?"

听到我的问话,苒洛思考了很久。

"现实中应该是3、6、1。学习3分,游戏和画画6分,其他是1分。好像不知不觉中用在学习上的时间少了很多,这可能也是让我觉得注意力不集中、精神状态不好的原因,或者说我很在意因为各种各样的情况让学习受到了影响。"

直到此刻,我才真正明白苒洛的困扰究竟是什么。所以,当她把自己的状态命名为"注意力不集中"时,其实正是她真实状态的表达,苒洛才是最了解自己的人。

陪苒洛一起逐个来看,现实中时间和精力的分配情况如果想要变为理想状态,具体可以做些什么?帮助她结合自身情况——进行梳理。

在学习方面,增加时间和精力的投入,同时制订合理的学习计划。因为即将面临期末考试,所以她接下来需要用更多的时间来着手复习本学期的课程。

在游戏和画画方面,游戏时间要适当减少,画画日常的练习可以多增加些,但是不要急于出成果,这样压力就会小很多,也可以更放松地画画。

除此之外,参加社团活动之余多给家人打电话,好好生活,不让家人担心。因为除了上面提到的这些角色,她还是家庭中不可或缺的一份子。

苒洛补充说,平时作息不太规律,以后要早睡早起,养成好的生活习惯。因为缺少计划和安排,总会觉得什么都没有做。以后可以制订好计划,根据时间安排来完成任务。当然也要根据不同的阶段随时进行调整，比如现在复习更重要，因为要面对马上到来的期末考试。考试结束后，可以在假期多用一些时间来画画。

陪你看见自己

咨询结束，苒洛说她想要记录一下今天的咨询内容，她一边拿出手机一边记录，此刻的她看起来比前两次放松多了。我告诉她我的感觉，她笑笑说可能是因为熟悉了。离开的时候苒洛主动表达感谢，她说这几次咨询是她这一年来最大的收获，有人帮忙梳理比自己一个人胡思乱想强多了。

苒洛走到咨询室门口时停下来，她有些害羞地跟我说"明天是我的生日"。惊讶之余，我真心地跟她说"生日快乐"。马上就是元旦，苒洛回复我"元旦快乐"后便微笑着离开了。那一刻，我知道，虽然我们的咨询关系已经结束，但苒洛对我的信任或许才刚刚开始。

她有热爱的兴趣爱好，没有经过系统学习的她坚持自学和创作，并从中获得了价值感、成就感和良好的体验，这是难能可贵的。

苒洛觉察到自己的状态需要梳理，有多种角色身份的她通过排序看到理想和现实中时间精力分配的差异，从中看到原来她更看重和在意的是学习。之所以会有眼下的困扰是因为学习时间被占用导致注意力不集中和精神状态不好。找到原因后便可以有针对性地进行调整,经过梳理后的苒洛把每一个角色的时间和精力重新进行分配,以此来保证可以得到她最想要的结果。

先把尴尬放在那里

我想谢谢那个女生,如果不是因为遇到她,我也不会有减重的决心,更不会让我养成走路和跑步的习惯,这个习惯对我来说真的太重要了。虽然之前会因为要联系方式的事情觉得尴尬,甚至有点悲观,但是也带给我从未有过的好的体验。所以,看一件事情不能只看一面,而是要看两面,甚至看多面。

(一)

芃威说,这两天特别不好,前天晚上他和舍友像往常一样去操场见喜欢的女生。不同的是,今天他不想只是远远地看着女生,而是打算问问对方有没有男朋友。如果人家说有,他就说"抱歉,打扰了";如果对方说没有,就试着问问联系方式,看是否可以交朋友。这是他在脑海里设想了很多遍的计划。可是当他和舍友一起站到女生面前时,他却紧张得说不出话,当时舍友为了帮他圆场,直接跟女生说他想要对方的联系方式。那一瞬间,芃威脑子一片空白,女生说了什么他一句也没有听清楚,只记得最后人家走了。不光没有要到联系方式，自己的表现还让他觉得特别特别尴尬。

"当时操场上除了我们三个人，至少还有 20 多人，我怕别人提起这件事，怕遇见这些人，我不在乎自己的看法，但是会在乎别人的看法。"芃威说。

"你觉得别人的看法会是什么？"

"如果我能要到对方的联系方式，别人会觉得我很厉害，会觉得我这个人肯定有过人之处。去要联系方式很正常，能要到也很强，不是谁都敢去的。如果要不到会觉得挺可惜，敢去虽然很厉害，没要到可能是因为某种原因，也正常，尴尬也很正常。他们也许会说快看那个人，他为什么不说话呢？挺可惜，挺尴尬，也没什么，挺正常的，敢做的人不多，做了就挺厉害的。"

芃威一遍一遍地重复着，听起来有些乱，但我知道他是在整理，也是在说给自己听。

"去要联系方式挺正常，敢去做这件事的人不多，能去就挺厉害的，去了要不到，尴尬也很正常，是这样吗？"

"对，尴尬很正常，反正自己一时半会儿也接受不了，尴尬都在，在就在吧。"这一刻，我忽然意识到芃威好厉害，他看到尴尬的正常，允许尴尬存在。

"既然尴尬是正常的，那在就在吧。"我重复芃威的话，能感觉到他有些释然。

"尴尬对你的影响是什么？"

"如果是对我现在的影响，包括但不限于减少出行。我已经三天没有去那个操场，没有去食堂，三天只吃了四个面包，今天实在是饿得不行了，下午一点半趁人少的时候去食堂吃了饭，尴尬就尴尬吧，总不能被饿死。"看来尴尬对苁威确实造成了不小的影响。

"也就是说，虽然尴尬还在，但是三天后的你还是走出了宿舍，去食堂吃了饭，也来咨询了，这是不一样的变化。"我把看到的变化反馈给他。

"尴尬是心理的，饿是生理的，心理的问题可以慢慢调整，但是生理的需要等不得，活命与尴尬不冲突，永远都要把活命放在第一。身体都不行了，哪来的心理问题，不管受多大的打击都要活着，生命是一切的根本。我非常崇拜生命，很看重生命安全，不会折磨自己。"

即使尴尬在，当心理的尴尬和身体的需要比起来，还是会先保全身体，满足身体的需要。这是苁威的选择，如果说在此之前我对他还有那么一丝丝的担心，那么此刻担心已经彻底消失了。

"本来还担心你会饿着，听你这么说，我就放心啦！"

他笑一笑，不急不慢地说："一般遇到这种情况，我会先放下来晾上几天，等别人和自己都快忘了的时候也就差不多了。"我心里想，你看看，他其实有面对尴尬的办法。

"那现在的尴尬打算怎么办？"我问。

"就先放在那儿吧。"

好，尊重苁威，先把那个尴尬放在那里。

行动篇

（二）

一周后再次见到芃威，问他尴尬的情况怎么样了？他说尴尬还是在，但是已经不再影响正常的生活了。现在可以去食堂吃饭，吃饭已经没有问题了。以前每天晚上在原来的操场走两个小时，现在操场还是会去，只是会先去另一个校区的操场走一个小时，再去原来的操场走一个小时，这样安排是为了和女生错开时间。同时，芃威提到他去操场的目标是每天走 15000 步，如果达不到步数就不会回去。

"我很好奇，每天走 15000 步的目标是怎么来的？"

"从第一次去操场遇到那个女生开始，我觉得我需要减重，也是从那时候给自己定了目标，减少饭量和每天走 15000 步是必须完成的任务，到现在已经有将近一个月的时间，只有跟女生要联系方式的那几天没有达到目标，其他的每天都坚持，我希望自己到大四毕业时可以减到我满意的体重。虽然跟女生要联系方式失败了，但是我已经连续走步快一个月了，已经改不了这个习惯了，所以每天必须要去做这件事情。"

"不光定了目标，并且一直在坚持行动，真的很厉害，佩服你。"我真心地表达了我对他的佩服。

听我这么说，芃威有些难为情。他说："其实我也挺佩服自己的，每天如果走不到步数，达不到这个目标，肯定不会回宿舍。舍友也在减重，舍友每天跑 3000 米，但是因为我比较胖，腿受不了，所以选择每天走路，但是每隔两三天也要跑一次3000米。其实也是为了体育成绩，引体向上和长跑这两项我不行，基本拿不到分数，其他的项目几乎是满分，之所以这么做也是为了体育成绩能有所提升。"

不管是为了体育成绩，还是为了喜欢的女生，芃威不光有减重的目标，还结合他的实际情况制订了走路和跑步的计划，更重要的是持续的坚持并不是所有人都能做到的，我把我的想法告诉他。

"初中的时候我很瘦，高三和现在的身高体重差不多，但是高中没有觉得胖。觉得胖是从上大学以后，开学没多久舍友都在一起比较的时候会说如果瘦了会更好，一开始我没在意，后来我们去参加体育测试的时候量身高和体重，那个时候开始觉得自己胖。再后来去操场很偶然地看到了这个女生，就有了这样一个目标。"芃威补充说道。

听芃威讲了很多胖带给他的影响，看得出来他很在意这一点，我们决定一起来看一看胖带给他的影响究竟有哪些。根据芃威的描述，我把它们一一列出来写在纸上。

1. 身高相同但体重偏高的人会让别人产生偏见，也就是说同样的身高瘦的人会得到更好的评价；

2. 会影响体育成绩；

3. 会影响美观，看起来不太顺眼；

4. 不好找女朋友；

5. 如果家里有客人来，会说变胖了，因为以前比较瘦；

6. 如果没有胖也就不会想去减重，开始减重后有了走路和跑步的习惯。走路和跑步时高兴、安心,可以不去想别的事情,可以欣赏风景,没有压力,没有那么多坏心情。

接下来,按照李春老师的"三筐理论",请芃威将这些影响分别按照好的、不好不坏的、不好的进行分类,他的分类结果是:

会让人产生偏见,看起来不太好、影响美观,不好找女朋友,这些是不好的影响。

影响体育成绩,家里来人会说变胖了,这是不好不坏的影响,虽然他会在意,但并不是那么在意。

他开始减重,养成了走路跑步的习惯,让他可以拿出时间去欣赏风景,帮助他缓解压力,让他有安心的感觉,没有那么多坏心情,这些是好的影响。

芃威在讲好的影响时,特意强调"绝对是",绝对是好的影响,看得出来他确实非常认同这一点。

说完后,他身体后仰,伸了个懒腰,看起来非常放松的样子,这是和以往咨询中的他特别不一样的地方。

"当看到胖可以带来这些好的、不好不坏的、不好的影响时,对胖有什么不一样的认识吗?"

"以前我觉得自己胖,胖不光会影响我顺利毕业,也会影响我成功。但是现在看来,其实胖也没什么,它也带给我很多好处。"

"我想谢谢那个女生,如果不是因为遇到她,我也不会有减重的决心,更不会让我养成走路和跑步的习惯,这个习

● 看见闪闪发光的他们

惯对我来说真的太重要了。虽然之前会因为要联系方式的事情觉得尴尬，甚至有点悲观，但是也带给我从未有过的好的体验。所以，看一件事情不能只看一面，而是要看两面，甚至看多面。"

芃威想要感谢女生这一点确实出乎我的意料，毕竟尴尬还在那里，但我真的为他高兴。

"当你带着'看事情不能只看一面，要去看两面或者多面'这样的认识去面对生活时，对你会有什么具体的影响吗？"

"其实，当下我也很困扰上课的事情，上课学习效率低，没有收获。但是现在看来如果不是因为上课的困扰，我也许不会去操场，不会有尴尬，不会想要减重，这一切就都不会发生。所以，上课的困扰带给我的好和不好的影响也是一半一半吧。不好的是学习效率非常低，学习的感受不好，受到的打击挺大。好的影响是因为它我才开始去操场，才有机会遇到女生，有减重的决心，现在还养成了走路和跑步的习惯，我真的特别特别高兴，那一刻我可以什么都不想，什么都不去考虑，只是去看风景，特别喜欢这种感觉。所以，最重要的是看待事情的态度，对这段经历也要持感谢的心态，这是我从来都没有想过的。这样再去看会觉得放下了很多，相信自己可以的。"

陪你看见自己

芃威能觉察到尴尬的存在，意识到尴尬是正常的。尴尬在就在吧，而不是着急去消灭它或者抛弃它，这是他面对尴尬的认识和态度。

毫无疑问，尴尬对他产生了影响，我也由此看到芃威面对影响的处理方式。心理的尴尬和身体的需要相比，他会先满足身体的需要，这是他的选择。他会先把尴尬放下来晾上几天，等别人和自己快忘了的时候也就差不多了。过去的他会这样做，现在仍然选择先把尴尬放在那里，直到尴尬对他的影响慢慢减弱，甚至消失。后来的结果也确实验证了这一点，他的办法是适合他的、是有效的。

这些办法都属于他自己，是他的在地性知识。我们能做的就是相信，相信他有能力、有方法，相信他可以。

芃威意识到胖对他的影响，无论是为了喜欢的女生，还是为了体育成绩，他都有了想要减重的目标，为了这个目标制订适合自己的计划。

通过把胖带给他的影响分别装在不同的筐中，有机会看到胖不光带给他不好的影响、不好不坏的影响，同时还有好的影响。让他可以有时间去欣赏风景，帮助他缓解压力，让他有安心的感觉，没有那么多坏心情，而这些是此时的芃威更需要、更看重的。

更重要的是，通过这件事芃威有了新的认识——看事情不能只看一面，而是要看两面，甚至看多面。当带着这样新的认识重新来看尴尬、看上课带来的困扰时，看到它们分别带给自己的影响不光有不好的影响、不好不坏的影响，同时还有好的影响时，芃威从不喜欢到感谢这段经历，从尴尬到感谢女生。当认识发生改变，一切都变得不一样。

目标、计划和认识只是一个方面，更重要的是他的行动，是他每天 15000 步的坚持，是行动的坚持让他有机会看到接下来发生的所有变化。有这样的毅力和决心，相信他一定可以实现自己的目标。

我与那把无边的伞

当我仰着头看它的时候，它高高在上，这时候我觉得它是有压迫性的，是解决不了的。但是现在当我可以平视它，可以这样面对面看着它的时候，好像也并没有那么难去面对。它笼罩的范围发生了变化，好像变得小了一些。高度也发生了变化，变得矮了些。

"执行力差"是艾波想要讨论的主题。对于比较难的事情，即使针对任务制订了详细的计划，但是仍然无法开始行动。咨询中，艾波意识到如果他开始行动就可能会遇到困难，也很可能面临失败。所以，只要不开始就不会失败，但是拖久了，一旦错过时机又会觉得全完了。在这样的情况下，虽然他也跟自己说，无论做什么，肯定会遇到困难，遇到困难就去想办法，有那么多老师和小伙伴，一定会解决。即便这样，道理也懂得，但还是行动不了。所以他想改变，想摆脱现状，不想再继续这样下去。

随着咨询的进行，艾波联想到做事情时他不愿意求助别人，更多的时候希望靠自己，可是不求助别人他又无法独自完成。之所以不愿意求得他人的帮助，是因为他认为如果对方不能帮他，那就说明跟他的关系不好，他不愿意去验证对方和他的关系不好。说到这里，艾波忽然意识到说："好像我不愿意去找人帮忙也是在担心被拒绝，如果被拒绝，就验证了我们的关系是不好的，而这一点是我不想看到的。"

"担心事情会失败，所以不去行动、不去做，因为不做就不会有不好的结果。担心对方会拒绝帮忙，所以不去求助他人，因为不去求助也就不会有拒绝。这两者好像有共同的地方。"

"对，都是因为担心，担心出现不好的结果而选择不去做，不去行动。"

"如果回到执行力的议题，没有行动也就谈不上执行力，是这样吗？"

"对，确实是这样。是担心，因为担心一直都在。"艾波又重复了一遍，看得出来担心对他确实有影响。我们决定一起来看看这个"担心"，也就有了接下来的对话。

"你觉得'担心'离你有多远？"

"很近。"

"它现在在什么位置？或者在你的什么位置？"我试着问得具体些。

"它就在我的头顶上，笼罩着我。"

"笼罩着？听起来好像很大。"

"对，很大。就像一把无边的伞，我走到哪儿，它就跟到哪儿。只要问题不解决它就会一直都在。"好有想象力的回答，我们的对话也变得顺畅起来。

"一把无边的伞？那这把伞一直都是打开的吗？还是也有收起来的时候？"

"它好像有一把钥匙，这把钥匙可以控制伞打开，也可以控制它收起来。"艾波的描述越来越有趣，我也越来越好奇。

"什么时候钥匙会把它打开，什么时候会收起来呢？"

艾波想了想说："面对让我感觉到有困难的事情并且没有办法解决的时候，伞就会打开，其他的时候它都是收起来的状态。"

"也就是当遇到困难且没有办法解决的事情出现时，钥匙就会把伞打开？"

"对，没错。一想到要面对困难的事情，想到很可能这个环节会做不出来，那个环节会很费力的时候，钥匙就会把伞打开。"

"那伞的钥匙在谁的手里呢？"

"应该是在我这里。"说到这里，艾波停了下来，好像想到了什么，但他没有说话。

"当伞打开的时候，对你有影响吗？"我尝试从影响的角度看是否可以打开对话的空间。

"肯定有，伞打开的时候我处于分神状态，一边做事情一边想事情，做事情是正常完成任务，想事情是因为考虑到要面对的困难心里会犯怵。所以，只要有担心就会分神，分神会让我很不舒服。"

虽然艾波的表达听起来有些拗口，但我似乎明白了打开的伞、分神、不舒服之间的相互关联和影响。

"有没有什么时候打开的伞对你没有影响或者影响比较小呢？"

"一般都是在时间节点到了而我必须要完成这件事的时候，那时候伞虽然也开着，但是对我基本没什么影响。因为我只顾想着要赶紧做完事情，顾不上想其他，行动起来的时候也就顾不上它了。"

"也就是说，在行动的时候顾不上考虑其他，即使伞是打开的，也意识不到伞的存在和影响。"

"对，我好像明白了，当我不行动的时候，只是停留在担心，但是一旦我行动起来，只关注解决问题本身的时候，它对我也就没有什么影响了，行动其实就是在解决问题。在行动的时候也会遇到阻碍，如果能解决就没什么事了，如果不解决它就会出现。"说到这里，看得出来艾波很兴奋，就像是发现了宝贝一样。他接着说，"其实这么看的话，这把伞也是在提醒我尽快尽早完成任务，这样我就可以有更多时间来提升自己，做我想做的事情。另外，其实它也给我的生活增加了很多激情，因为有压力才能有动力嘛，要不然我的生活就是索然无味的，所以它还是要适当存在的。"

"这么说，这把伞的存在会让你分神，让你不舒服，但同时也会给你带来好处。"

"是这样的。"艾波点点头表示赞同。

"当现在看到了这把伞本身给你带来负面影响的同时，也能够提醒你尽早完成任务，给你带来动力，这个时候重新回来看这把伞会有什么不一样的感受吗？"

"我觉得它发生了变化，好像不在我的头顶上了，我可以平视它。"他一边说着，一边仰头、转头，通过不同方位来感受，然后很坚定地说，"哦，对，我不再是仰着头来看它了。当我仰着头看它的时候，它高高在上，这时候我觉得它是有压迫性的，是解决不了的。但是现在当我可以平视它，可以这样面对面看着它的时候，好像也并没有那么难去面对。它笼罩的范围发生了变化，好像变得小了一些；高度也发生了变化，变得矮了些。"

听到艾波这么说，我觉得很不可思议，没想到他竟然会有这样独特的感受，我也不自觉地跟着他的描述去细细体会。

"所以，当对这把伞有了新的认识，并且看到伞的位置、大小、高度发生变化以后，对于你去面对未来可能会打开的伞，是否会带来一些帮助和启发？"

"首先必须要行动，而不能只是停留在想。行动就有可能会遇到困难，当有困难的时候，我可以先去做我能完成的这一部分，可以完成 70%~80%。剩下的任务自然会减少，也就不会那么慌。假如剩下的任务靠自己无法解决，我再去找别人帮忙想办法。其次，当我想到做事情的困难，那把大伞出现时，我也要去接纳它，因为它的出现其实也是在提醒我。"

说完，艾波重新调整了一下坐姿，他笑着说："其实还挺有意思的，我从来没有这样想过，当我仰头看它的时候和我面对面平视它的时候，感觉竟然完全不一样。"

陪你看见自己

我很意外，意外地看到原来"担心"对于艾波来说竟然像是一把无边的、笼罩着他的伞，同时也感叹艾波的想象力、觉察力和反思力，我把这一点反馈给他，他腼腆地笑笑说今天的咨询很有趣。

艾波有强烈的想要改变现状的愿望，他意识到自己没有行动是因为担心，他担心被拒绝，担心有不好的结果。被担心笼罩的艾波是无力的、有压迫感的、无法行动和解决问题的。

当把"担心"外化，艾波把它命名为无边的伞，他可以更清楚地看到这把伞的大小、位置、形态、状态，看到不同状态的伞对他的影响，打开的伞让他分神和不舒服。但同时，艾波也由此看到了例外情况，也就是伞虽然打开但对他的影响并不那么大，从而让他看到行动的重要性，行动就是在解决问题。不光如此，他看到这把打开的伞给

行动篇

他带来的积极影响,即提醒他尽快尽早完成任务,可见,这把伞给他带来动力的同时也在丰富他的生活。

当从不一样的视角来看这把伞,对伞的认识发生变化后,它的位置、它的大小、它的功能、它和艾波的关系,全都发生了变化,一切都变得不一样。所以,当问题出现,不要把问题和人混淆在一起,不要去因此否定自己、怀疑自己,而要把人和问题分开,这样才能看到解决问题的办法,此时的我们不再是有问题的,不再是无力的,而是有办法的,这就是外化的魅力所在。

致 谢

感谢叙事。与叙事结缘于2013年冬至，那一天有幸在北京听到周志建老师关于叙事治疗的公开课，并阅读了他的书籍《故事的疗愈力量》。从那之后，"叙事"这个词便出现在我的世界里。2018年，我把叙事疗法确定为研究方向，开启了之后的叙事学习之路。从叙事护理、叙事取向的职业生涯规划到叙事创意成长营和叙事实习与督导，在叙事中浸泡的这些年，我看到自己一路走来的不易，也更接纳自己的真实和不完美。感谢叙事带给我的个人成长，以及对我的工作和生活产生的积极影响。

感谢李春老师。2016年，在家人生病期间，无助和迷茫的我偶然读到李春老师的《幸福是尘埃里开出的花朵》一书，书中关于疾病的案例给予我极大的支持，同时我也对故事和叙事有了更多了解。2018年至今，从叙事护理、心理咨询督导到叙事取向的职业生涯规划的跟随学习，谢谢她让我知道每个人都有属于自己的赛道和节奏，让我有机会体验长期主义的魅力，让我懂得学习更重要的是应用，而不是仅

致谢

仅停留在明白道理;谢谢她在我犹豫不决时鼓励我"完成比完美更重要",提醒我"迷茫时要在行动中找答案"……这一切都在一点一点、真真实实地改变我的生活。

感谢我的工作单位北华航天工业学院。在我遇到职业困惑时,陆迎阿姨曾问过我一个问题:"这份工作带给你的是什么?"也是在那时我才真正意识到,这份工作带给我的不只是一份收入和保障,更重要的是它给予我一个宝贵的机会、一个学习与成长的平台。当然,没有它也就没有这本书中所有的一切。所以,唯有心怀感恩地工作,珍惜当下的所有。

感谢来访学生。谢谢他们的愿意。愿意信任我并与我成为合作伙伴,一起探索、反思和成长;愿意讲述和分享他们的生命故事,把内心最真实最柔软的部分呈现给我;愿意在讲述中整理故事,发现和创造新的故事,更多地认识和理解自己。他们的故事丰富了我的人生经历,拓展了我的生命宽度。他们才是我的老师,是我学习的榜样,是我坚持在这条道路上走下去的动力。

感谢我的朋友们。我是幸运的,一路走来遇到太多的朋友,他们在我困难的时候毫无保留地帮助我。谢谢我的忘年交陆迎阿姨,她给予我家人般的温暖和关爱。谢谢温哥,陪伴和鼓励我走过最艰难最无助的那些年。谢谢我的好闺蜜们,只要我需要,她们就会在,她们是我坚强的后盾。谢谢郑双阳,他无条件的信任和帮助,让我更加坚定地做自己,而不是成为他人的样子。谢谢张佳,她是这本书从无到有的见证者，我们彼此陪伴和鼓励。谢谢领导和同事们的关照，在我心中，他们是同事，更是朋友和伙伴。谢谢小古，逐篇逐句地阅读书中文字并给予我反馈，这是对我莫大的支持和鼓励。谢谢所有与我一起结伴同行的朋友们，有他们在，真的很好。

感谢我的家人。谢谢我的父母，他们一辈子勤劳质朴、吃苦耐劳的品质是我最宝贵的财富，让我始终保持一颗善良而真诚的心，坚韧又乐观地面对生活。谢谢公公婆婆，愿意在我需要的时候帮助我渡过难关。谢谢妹妹妹夫，可以照顾好我们的家人，让我没有后顾之忧。谢谢我的爱人，对于我的任何选择都给予足够的信任和自由，愿意陪伴和支持我走一条并不容易的路。谢谢我的孩子们，每次在我需要安静的学习环境时都会轻轻地帮忙把门带上，他们用行动支持妈妈做想做的事情。

感谢自己。很想跟自己说："谢谢你的选择和坚持，每一步路都不会白走，大胆向前就好。接下来，你仍会遇到一座又一座看起来根本无法翻越的高山，可是只要你在心里跨过去，开始行动往上走，你会发现它们其实并没有那么高、那么大。这些年，虽然你走得很慢，但是从没有停下来，允许自己慢慢来吧！"

感谢所有给予我帮助的亲人、师长、朋友和学生！

感谢帮助此书面世的每一位友人！

作者声明

书中所有案例中的人名均为虚构。

书中涉及的所有案例故事,都是作者根据多年工作和学习的经验编写而成。

如果书中的故事与你的故事相似,只是巧合而已,那不是你。

请勿对号入座。